G. K. Česterton
KLUB UVRNUTIH ZANATA

REČ I MISAO
KNJIGA 564

Urednik
JOVICA AĆIN

S engleskog preveo
MILAN MILETIĆ

G. K. ČESTERTON

# KLUB UVRNUTIH ZANATA

*Roman*

IZDAVAČKO PREDUZEĆE „RAD"
BEOGRAD

*Izvornik*

G. K. Chesterton
*The Club of Queer Trades*

Poglavlje 1

## GLASOVITE AVANTURE MAJORA BRAUNA

Rable, ili njegov neobuzdani ilustrator Gistav Dore, mora da je imao nešto s projektovanjem stvari koje se u Engleskoj i Americi zovu stanovima. Ima nečeg sasvim gargantuovskog u ideji štednje prostora nagomilavanjem kuća jedne drugoj na krov, s ulaznim vratima i svim tim. A u haosu i zamršenosti ovih okomitih ulica svašta može da se naseli ili da se dogodi, i u jednoj od njih, kako verujem, radoznalac može da pronađe prostorije Kluba uvrnutih zanata. Na prvi pogled izgleda kao da bi ime privuklo i prenulo prolaznika, ali ništa u ovoj ogromnoj zamračenoj košnici ne privlači i ne pleni. Prolaznik jedino traga za sopstvenim melanholičnim odredištem, crnogorskom Brodskom agencijom ili londonskom kancelarijom *Rutlend Sentinela*, i tumara kroz sumorne pasaže kao što neko tumara sumornim koridorima sna. Ako bi razbojnici otvorili Kompaniju za likvidaciju stranaca u jednoj od najvećih zgrada u ulici Norfolk, i postavili nekog po izgledu blagog da pruža obaveštenja, niko se ne bi ni raspitivao. A Klub uvrnutih zanata nalazio se u velikoj zgradi, skriven poput ljušture u ogromnoj pećini fosila.

Priroda ovog društva, kao što ćemo je kasnije razumeti, rado i jednostavno se priča. To je Klub ekscentrika i boema, u kojem je apsolutni uslov za učlanjenje da kandidat mora sam da izmisli način da zarađuje za život. To mora da bude potpuno nov zanat. Tačna definicija ovog zahteva data je u dva načelna pravila. Prvo, to ne sme da bude puka primena ili varijacija nekog postojećeg zanata. Tako, na primer, Klub neće primiti nekog agenta osiguranja naprosto zato što, umesto da osigurava čovekov nameštaj od požara, on osigurava, da kažemo, da mu pantalone neće razderati pobesneli pas. Princip (kao što je gospodin Bredkok Barnabi-Bredkok, u izvanredno rečitom i nadahnutom govoru pred klubom, povodom pitanja koje je iskrslo u Stormbi Smit aferi, duhovito i s oduševljenjem rekao) jeste isti. Kao drugo, zanat mora da bude pravi komercijalni izvor prihoda, potpora svom pronalazaču. Tako, Klub neće primiti čoveka samo zato što je odabrao da provodi dane sakupljajući otvorene konzerve sardine, sem ako bi time pokrenuo izvrstan posao. Profesor Čik je to sasvim razjasnio. A kad se čovek priseti šta je bio novi zanat profesora Čika, taj ne zna da li da se smeje ili da plače.

Obelodanjenje ovog čudnog društva bila je retko osvežavajuća stvar; shvatiti da je na svetu bilo deset novih zanata, bilo je kao zuriti u prvi brod ili prvi plug. Ono je teralo čoveka da se oseća kao što bi i trebalo da se oseća – da je još bio u povoju civilizacije. Da je najzad trebalo da se ja pojavim bilo je jasno kao dan, reći ću bez taštine, nikako ne slučajno, jer imam maniju da pripadam što je moguće većem broju društava: moglo bi se reći da sakupljam klubove, i da sam do sada nagomilao ogromnu i fantastičnu raznolikost primeraka – u svojoj odvažnoj mladosti sakupio sam ateneum[1]. Nekog drugog dana, možda ću pričati o drugim telima kojima sam pripadao. Pričaću o

---

[1] Vanredno vredna kolekcija knjiga, i po broju naslova i po delima koja obuhvata. – *Prim. prev.*

delima Društva cipela mrtvih ljudi (toj naizgled nemoralnoj, ali duboko opravdanoj zajednici); objasniću neobično poreklo *Mačke i Hrišćanina*, imena koje je tako sramno pogrešno tumačeno; i svet će konačno saznati zašto se Institut daktilografa sjedinio s Ligom crvenih lala. O Deset čajnih šolja, razume se, ne usuđujem se ni da zucnem. Prvo od mojih otkrovenja, u svakom slučaju, biće o Klubu uvrnutih zanata, koje je, kao što sam rekao, bilo od vrste na koju bih, zbog svog jedinstvenog hobija, sasvim slučajno nabasao pre ili kasnije. Nesputana mladež metropole šaljivo me zove „Kraljem klubova". Takođe me zovu i „Heruvim", aludirajući na moj cvetni i mladalački izgled i u mojim poznijim godinama. Samo se nadam da duše u boljem svetu imaju isto tako dobre večeri kakve ja imam. Ali, otkrivanje Kluba uvrnutih zanata neobično je povezano s tim. Najneobičnija stvar u vezi s tim je da ga nisam otkrio ja; otkiro ga je moj prijatelj Bazil Grant, zvezdočatac, mistik i čovek koji je retko izlazio iz svog potkrovlja.

Tek nekoliko ljudi znalo je ponešto o Bazilu; ponajmanje ne stoga što je bio nedruštven, jer ako bi neko pravo s ulice ušetao u njegovu sobu, on bi ga u razgovoru zadržao do jutra. Nekoliko ljudi ga je poznavalo, jer, poput svih pesnika, on bi se snašao i bez njih; radovao se čoveku isto kao što se radovao iznenadnom stapanju boja pri zalasku sunca; ipak, manje je osećao potrebu da odlazi na zabave nego što mu je trebalo da prekraja oblake u sutonu. Živeo je u neobičnom i udobnom potkrovlju pod krovovima Lambeta. Bio je okružen haosom stvari koje su bile u oštroj suprotnosti s okolnom bedom; stare fantastične knjige, mačevi, oklop – pravo gnezdo romantizma. Ali, njegovo lice, usred svih tih kihotovskih relikvija, izgledalo je prilično prodorno i moderno – moćno, pravničko lice. I niko drugi sem mene nije znao ko je on bio.

Prilično davno, svako se seća užasne i groteskne scene, koja se dogodila kada je jedan od najoštroumnijih i najmoćnijih engleskih sudija iznenada poludeo na sudijskoj stolici. Imao sam sopstveno viđenje tog događaja; ipak, o samim činjenicama nema zbora. Tokom nekoliko meseci, zapravo tokom nekoliko godina, ljudi su opazili nešto ozbiljno u sudijinom ponašanju. Izgledalo je kao da je izgubio interesovanje za zakon – u čemu je, bez ostatka, bio blistav i strašan kao K. S. – i bio zaokupljen pružanjem moralnih saveta izvesnim ljudima. Govorio je više kao sveštenik ili doktor, i to kao neki veoma iskren. Prvo uzbuđenje verovatno se desilo kada je čoveku koji je pokušao ubistvo iz strasti rekao: „Osuđujem vas na tri godine zatvora, pod čvrstim, svečanim, od Boga datim uverenjem, da ono što je vama potrebno jesu tri meseca na rivijeri." Sa sudijske stolice optuživao je zločince, ne toliko za njihove očigledne zločine, već za stvari koje se nikada nisu čule u sudnici – monstruozni egoizam, nedostatak humora i promišljeno ohrabrivanje morbidnosti. Stvari su se zaoštrile u tom čuvenom slučaju s dijamantima, u kojem je premijer lično, taj izvanredni plemić, morao, učtivo i preko volje, da istupi i pruži dokaze protiv svog sobara. Posle detaljnog života domaćinstva koji je naširoko izložen, sudija je tražio od premijera da ponovo istupi, što je on i učinio smireno i s dostojanstvom. Potom je sudija, iznenada, škripavim glasom rekao: „Nađite novog čoveka. Te stvari nisu baš podesne za psa. Nađite novog čoveka." Sve ovo, naravno, u očima razboritih, bilo je predosećanje tog melanholičnog i lakrdijaškog dana kada ga je pamet, zapravo, napustila usred sudnice. Bila je to parnica za klevetu, između dva vrlo značajna i moćna finansijera, protiv kojih su bile podnete optužbe za veoma ozbiljne reči. Slučaj je bio dug i zamršen; advokati su bili opširni i rečiti; ipak, najzad, posle nedelja i nedelja rada i beseda, došlo je vreme za velikog sudiju da pruži sažetak; i samo se čekalo na neko od njegovih čuvenih remek-dela lucidnosti i logike koja satire. Veoma malo je govorio tokom procesa koji se otegao, i izgledao je tužno i natmureno kada se ovaj okončao. Učutao je nekoliko trenutaka, a zatim gromoglasno prasnuo. Njegova opaska (kako je javljeno) bila je sledeća:

„O, Routi-outi tidli-outi Tidli-outi tidli-outi Hajti-ajti tidli-ajti Tidli-ajti ou."

Tada se povukao iz javnog života i zakupio potkrovlje u Lambetu.

Sedeo sam tamo jedne večeri, oko šest sati, sa čašom tog divnog burgundca koga je držao ispred hrpe listova ispisanih goticom; koračao je po sobi, dodirivao, već po navici, jedan od najvećih mačeva u svojoj zbirci; rumeni odsjaj jake vatre osvetlio je njegove pravilne crte i razbarušenu sedu kosu; njegove plave oči bile su neoubičajeno ispunjene snovima, i usne je otvorio da bi govorio kao u snu, kada se naglo otvoriše vrata, i bled, plahovit čovek, riđe kose, u kaputu postavljenom krznom, bez daha se zateturao pravo u sobu.

„Oprosti što te gnjavim, Bazile", jedva je izgovorio. „Bio sam slobodan – ugovorio sam ovde sastanak sa čovekom – klijentom – kroz pet minuta – izvinjavam se, gospodine", i naklonio mi se u znak izvinjenja.

Bazil mi se smešio. „Nisi znao", reče, „da imam praktičnog brata. Ovo je Rupert Grant, eskvajer[1], ko-

---

[1] Blagorodni. Pripadnik nižeg plemstva. Ovde u figurativnom značenju. – *Prim. prev.*

ji može i uspeva u svemu. Kao što sam ja bio neuspešan u jednoj stvari, on je uspešan u svemu. Pamtim ga kao novinara, prodavca nekretnina, prirodnjaka, izumitelja, izdavača, učitelja, i – šta si sada, Ruperte?"

„Sada sam", reče Rupert s nekim ponosom, „privatni detektiv, i to već neko vreme, a evo i mog klijenta."

Glasan udarac o vrata zakratko ih prekine, i pošto bi dopušten ulazak, vrata se naglo i širom otvore i odvažan, okretan čovek brzo uđe u sobu, uz prasak odloži svoj svileni šešir, i reče: „Dobro veče, gospo*do*", naglašavajući poslednji slog čime je sebe označio kao cepidlaku, vojnički, doslovno i društveno. Imao je popriličnu glavu prošaranu tamnim i sedim vlasima, i potkresane crne brkove, koji su mu davali plahovit izgled koji je protivrečio njegovim tužnim morsko plavim očima.

Bazil mi odmah reče: „Hajdemo u susednu sobu, Guli", i krenu prema vratima, ali stranac reče:

„Ni govora. Prijatelji ostaju. Pomoć moguća."

U času kad sam ga čuo kako govori, setio sam se da je to bio izvesni major Braun, koga sam pre dosta godina upoznao u Bazilovom društvu. Sasvim sam zaboravio mračnu dendi figuru i masivnu ozbiljnu glavu, ali sam se setio osobenog govora, koji se sastojao jedino od kazivanja tek oko četvrtine od svake rečenice, i to jetko, poput praskanja pištolja. Ne bih znao, to možda potiče od izdavanja naređenja trupama.

Major Braun bio je V.C.[1], sposoban i istaknut vojnik, ali on je bio sve samo ne ratoborna osoba. Poput

---

[1] Victory Corps – elitne jedinice britanske armije – *Prim. prev.*

mnogih među ljudima od čelika koji su povratili Britansku Indiju, on je bio čovek s prirodnim uverenjima i predstavama neke stare sluškinje. Po oblačenju bio je kicoš, pa ipak povučen; po navikama bio je precizan do mere nepogrešivog serviranja šoljice čaja. U jednoj stvari je iskazao entuzijazam, koji je po prirodi bio religijski – uzgajao je daninoć. I kada bi govorio o svojoj zbirci, njegove plave oči sijale su poput detinjih koje vide novu igračku, oči koje su ostale spokojne kada su trupe gromoglasno proslavljale pobedu Robertsa[1] kod Kandahara.

„Dakle, majore", reče Rupert Grant s lordovskom srdačnošću, nameštajući se u fotelju, „šta se zbiva s vama?"

„Žuti daninoć. Podrum za ugalj. P. G. Nortover", reče major s opravdanim ogorčenjem.

Mi smo se zgledali ljubopitljivo. Bazil, očiju zatvorenih na svoj apstraktni način, jednostavno prozbori:

„Oprostite."

„Činjenica je. Ulica, znate, čovek, daninoć. Na zidu. Smrt meni. Nešto. Besmisleno."

Lagano smo protresli glave. Malo-pomalo, i uglavnom uz pomoć naizgled pospanog Bazila Granta, sastavili smo majorovu fragmentarnu, ali uzbudljivu pripovest. Bilo bi nečuveno čitaoca izložiti onome što smo sami podneli; stoga ću svojim rečima kazati priču majora Brauna. Ipak, čitalac mora sebi dočarati scenu. Bazilove oči, već po navici, sklopljene kao u transu – a moje i Rupertove iskolačene, dok smo slušali jednu od najčudnovatijih priča na svetu, s usa-

---

[1] Lord Roberts od Kandahara. Njegov marš od Kabula do Kandahara dugo je bio primer izvanrednog podviga, i strateškog i administrativnog. – *Prim. prev.*

na onižeg čoveka u crnom koji je sedeo prav kao strela u svojoj fotelji i pričao poput telegrafa.

Major Braun bio je, moram da kažem, uspešan vojnik, ali nipošto strastan. Daleko od toga da je žalio za sopstvenim penzionisanjem uz polovinu plate, ushićeno je kupio malu urednu vilu, veoma nalik kućici za lutke, i ostatak života posvetio daninoći i slabom čaju. Pomisao da su bitke okončane pošto je jednom okačio svoj mač u nevelikom prednjem hodniku (zajedno s dva tiganja i lošim akvarelom), latiti se grabulja u maloj bašti obasjanoj suncem – bilo je za njega kao da uplovljava u nebesku luku. Bio je poput nekog Holanđanina i preterivao je u svojoj sklonosti prema baštovanstvu, i imao, možda, neku težnju da postrojava svoje cveće poput vojnika. Bio je od onih sposobnih da postavi četiri kišobrana na tezgu, radije nego tri, tako da dva mogu da se nagnu na jednu stranu a dva na drugu; gledao je na život kao na šablon u bloku za crtanje. I zasigurno ne bi poverovao, ili čak razumeo, nikoga ko bi mu kazao da je, zbog nekoliko jardi sopstvenog raja od opeke, bio predodređen da se zaplete u kovitlac neverovatne avanture, kakvu nikada nije ni video, niti o njoj sanjao u jezovitoj džungli ili u žestini bitke.

Jednog vedrog i vetrovitog poslepodneva, major se, odeven u svom besprekornom maniru, latio svoje uobičajene šetnje. Na raskršću dva prolaza, desilo se da je pošao jednom od onih po izgledu besciljnih staza koje se pružaju duž zidova stražnjih bašti čitavog niza otmenih kuća, i koje u svojoj pustoši i bezbojnoj pojavi pružaju čudan osećaj poput onog iza scena u pozorištu. Ali, osrednje i tmurne, kakve scene mogu biti u očima većine nas, nisu bile sasvim takve u majorovim, jer je staza od krupnog šljunka bivala ono što je prolazak verske procesije za posvećenika. Krupan, težak čovek, riblje plavih očiju i kružne, razgranate crvene brade, gurao je pred njim kolica, koja su plamtela od neuporedivog cveća. Bilo je tu odličnih primeraka gotovo svake vrste, ipak, majorovi omiljeni daninoć su prevladavali. Major ga zaustavi i upusti se u razgovor, a potom i u pogađanje. Postupao je sa čovekom u maniru kolekcionara i drugih zanesenjaka, treba to reći, pažljivo i s nekakvom mukom odvojio je najbolje korenje od manje dobrog, neke hvalio, omalovažavao druge, jedva primetno ih poređao od uzbuđenja vrednih i retkih do poražavajuće bezvrednih, i potom ih kupio sve. Čovek je samo ispustio svoja kolica, pošto se zaustavio i prišao bliže majoru.

„Reći ću vam, gospodine" reče on. „Ako vas zanimaju ove stvarčice, samo preskočite onaj zid."

„Zid!" zavapi zaprepašćeni major, čija je konvencionalna duša klonula u njemu na pomisao o tako groznom prestupu.

„Najlepša izložba žutih daninoći u Engleskoj je u toj tamo bašti, gospodine", šuštao je iskušenik. „Pomoći ću vam da se uspentrate, gospodine."

Kako se to zbilo niko nikada neće saznati, ali taj pozitivni entuzijazam majorovog života trijumfovao je nad svim njegovim negativnim tradicijama, i uz jedan lagani skok i mahanje koje je pokazalo da mu nije trebala fizička pomoć, stupio je na zid s kraja nepoznate bašte. Sekund docnije, lepršanje ogrtača oko njegovih kolena učinilo je da se osetio neizrecivom budalom. Ali, sledećeg trenutka, svi ovi beznačajni osećaji bili su zbrisani najužasnijim naletom iznenađenja koji je stari vojnik ikad osetio u čitavoj svojoj hrabroj i skitačkoj egzistenciji. Pogled mu se spustio na baštu, i tamo, naspram velikog kreveta u sredini travnjaka bila je ogromna šara od daninoć; bilo je to divno cveće, ali ovog puta nije to bio njihov hortikulturni aspekt u šta je major Braun zurio, jer daninoć su bili aranžirani u gigantska velika slova tako da oblikuju rečenicu:

SMRT MAJORU BRAUNU

Stariji, po izgledu ljubazan čovek, s belim brčićima, zalivao ih je. Braun je pronicljivo pogledao natrag na put iza sebe; čovek s kolicima je iznenada iščezao. Potom je ponovo pogledao na travnjak s tim neverovatnim ispisom. Neko drugi možda bi pomislio da je poludeo, ali ne i Braun. Kada su romantične dame bile ushićene njegovim elitnim trupama i njegovim vojničkim podvizima, ponekad se osećao da je bolno prozaična osoba, ipak, po istim znacima shvatao je da je bio nepopravljivo pri čistoj svesti. Neko drugi bi, opet, možda pomislio da je žrtva kratkotrajne šale na tuđ račun, ali Braun ne bi u to poverovao tek tako. Znao je, iz sopstvenog neobičnog učenja, da je uređenje bašte bilo složeno i skupo; smatrao je preterano neumesnim da bi iko bacao novac kao da prosipa vodu, kako bi se našalio na njegov račun. Ne zbajući kako to da objasni, uzeo je to naprosto zdravo za gotovo, poput čoveka zdravog razuma, i čekao kako bi to sebi razjasnio u prisustvu čoveka sa šest nogu.

U tom trenu, debeljuškasti starčić s belim brčićima pogledao je nagore, a kanta za zalivanje mu je ispala iz ruku, bacajući mlaz vode dole na pošljunčanu stazu.

„Zaime sveta, ko ste vi?" jedva je izgovorio, žestoko drhteći.

„Ja sam major Braun", reče onaj, uvek pribran u odsudnom času.

Starčić je bespomoćno zinuo kao neka čudovišna riba. Na kraju je promucao rastrojeno: „Siđite – siđite dole!"

„Na usluzi", reče major, i skokom se nađe na travi pored njega, ne ispuštajući iz ruke svoj svileni šešir.

Starčić se pomerio unatrag i, gegajući se, krenuo oko kuće, praćen brzim majorovim koracima. Njegov vodič vodio ga je kroz okolne prolaze, mračne, ali izvanredno opremljene kuće, sve dok nisu dospeli do vrata čeone sobe. Tada starčić poprimi grčeviti izraz užasa, nejasno se nazirući u sumraku.

„Zaime boga", reče on, „ne spominjite šakale."

Potom je naglo otvorio vrata, oslobađajući navalu crvenog svetla iz lampe, i strčao niz stepenice topćući.

Major je stupio u prostranu, bleštavu sobu, prepunu crvenog bakra, paunova i purpurnih ukrasa – sa šeširom u ruci. Imao je najfinije manire na svetu i, premda zagonetan, nije bi ni najmanje zbunjen da ne uvidi da je jedini stanar bila gospođa koja je, sedeći kraj prozora, gledala napolje.

„Gospođo", reče on, klanjajući se jednostavno, „ja sam major Braun."

„Sedite", reče gospođa; ipak, glavu nije okrenula.

Bila je graciozna, u zeleno obučena prilika, plamene riđe kose i mirisala na Bedford Park. „Došli ste, pretpostavljam", rekla je žalosno, „da me oporezujete u vezi s groznim tapijama."

„Došao sam, gospođo", reče on, „da saznam u čemu je stvar. Da saznam zašto je moje ime ispisano duž vaše bašte. Nemam drugih namera."

Govorio je smrknuto, jer ga je stvar pogodila. Nemoguće je opisati posledice po um, nastale od tog tihog i sunčanog baštenskog prizora, okvira za bajan i brutalan zaplet. Večernji vazduh bio je bez pokreta, a trava zlatna na mestu gde je maleno cveće, koje je proučavao, prizivalo nebo tražeći njegovu krv.

„Vi znate da ne smem da se okrećem", reče gospođa; „svakog popodneva, dok ne izbije šest, moram da držim svoje lice okrenuto ka ulici."

Neko uvrnuto i nesvakidašnje nadahnuće nagnalo je prozaičnog vojnika da odluči da ove nečuvene zagonetke prihvati bez iznenađenja.

„Skoro je šest", reče on; i odmah zatim varvarski bakreni sat na zidu izbio je prvi udarac punog časa. Kod šestog, gospođa je poskočila i okrenula ka majoru jedno od najčudnijih, a ipak najprivlačnijih lica koje je video u svom životu; otvoreno, a ipak izmučeno, lice šumske vile.

„Tako prolazi treća godina kako čekam", zarida ona. „Ovo je godišnjica. Čekanje čini da čovek gotovo poželi da se grozna stvar desi jednom i zauvek."

I čim je rekla ovo, iznenadan prodoran krik narušio je tišinu. Sa pločnika opustele ulice (bio je skoro suton), podizao se ridajući glas, hrapave i nemilosrdne osobenosti:

„Majore Braun, majore Braun, gde to šakal stanuje?"

Braun je bio odlučan i staložen kad dejstvuje. Iskoračio je do glavnog ulaza i osmotrio. Nije bilo traga ičem živom u plavičastom sumraku ulice, gde su jedna ili dve lampe počinjale da bacaju svoje limunžute iskre. Kada se vratio, zatekao je gospođu u zelenom kako drhti.

„Ovo je kraj", jecala je, i drhtala usnama; „Ovo može biti smrt za oboje. Kad god... "

Ali, dok je još govorila, njene reči rascepila je još jedna promukla objava iz mračne ulice, ponovo jezivo razgovetna.

„Majore Braun, majore Braun, kako je šakal skončao?"

Braun je jurnuo kroz vrata i niz stepenice, ali ponovo je bio razočaran; nije bilo nikoga na vidiku, a ulica je bila isuviše dugačka i pusta da bi galamdžija uspeo da umakne. Čak je i razboriti major bio pomalo uzdrman dok se potom vraćao u primaću sobu. Jedva da je ušao, kad se jezivi glas ponovo izvio:

„Majore Braun, majore Braun, gde je..."

Braun je bio na ulici gotovo u trenu, i to na vreme – na vreme da vidi nešto što je na prvi pogled ledilo krv. Činilo se da krici dolaze iz odrubljene glave koja je počivala na pločniku.

Sledećeg trenutka prebledeli major je shvatio. Bila je to glava čoveka koji je virio kroz ulični otvor za ugalj. Sledećeg trena je ponovo nestala, a major Braun se okrenuo gospođi. „Gde vam je podrum za ugalj?" rekao je, i krenuo ka hodniku.

Gledala ga je besnim sivim očima. „Nećete valjda dole sami", zavapila je, „u mračnu rupu s tom zveri?"

„Ovuda?" uzvrati Braun, i spusti se kuhinjskim stepenicama, preskačući tri odjednom. Naglo je otvorio vrata crne rupčage i kročio unutra, napipavajući po džepu šibice. Dok mu je tako desna ruka bila zauzeta, par ogromnih kaljavih ruku naviralo je iz tame – ruke koje bez sumnje pripadaju čoveku gigantskog stasa – i ščepale ga za potiljak. Oborile su ga, dole u zagušljivu tamu, brutalan lik sudbine. Ali, major, premda naglavačke, bio je savršeno svestan i razuman. Pritajio se pod pritiskom dok nije skliznuo gotovo do njegovih ruku i kolena. Potom je napipao kolena nevidljivog čudovišta uz svoje stopalo, jednostavno ispružio svoju dugačku, koščatu i veštu ruku, i obuhvatio nogu mišicom, odvojio je od zemlje i, uz tresak, ogromnog živog čoveka oborio na patos. Ovaj je pokušao da ustane, ali Braun se, poput mačke, obreo nad njim. Kotrljali su se iznova i iznova.

Čovek, ogroman kakav je bio, očigledno nije imao druge želje nego da utekne; koprcao se tamo-amo ka vratima kako bi izbegao majora, ali taj istrajni čovek snažno ga je zgrabio za kaput, dok se drugom šakom okačio za gredu. Čitavom dužinom došlo je do prenaprezanja u obuzdavanju ovog bika u obličju čoveka, prenaprezanja pod kojim je Braun očekivao da će mu se šaka razderati i otrgnuti od ruke. Ali, nešto drugo se razderalo i otrgnulo; a nejasna, više nego puna divovska prilika iščezla je iz podruma, ostavljajući pocepani kaput u majorovim rukama; jedini plod njegove avanture i jedini putokaz misterije. Jer, kada se popeo do glavnih vrata – gospođa, bogati ukrasi i svi predmeti – iščezli su. Ostale su jedino daske i okrečeni zidovi.

„Gospođa je bila u dosluhu, razume se", reče Rupert površno. Major Braun je pocrveneo kao cigla. „Oprostite", reče, „mislim da nije."

Rupert je nabrao svoje obrve i gledao ga za tren, ali ništa nije kazao. Kad je ponovo progovorio, upitao je:

„Da li je bilo nečeg u džepovima kaputa?"

„Bilo je sedam penija, pola penija u bakru i tri penija u srebru", reče major pažljivo; „Bila je i muštikla, komad žice, i ovo pismo", i on ga stavi na sto. Glasilo je ovako:

Dragi g. Plover,

Nasekiralo me je da čujem da se pojavilo izvesno odlaganje u dogovorima *u vezi sa* majorom Braunom. Molim, gledajte da bude napadnut kao po dogovoru, sutra, podrum za ugalj, naravno.

Vaš, odani P. G. Nortover.

Rupert se naginjao napred, osluškujući poput jastreba. Umešao se:

„Ima li odakle je?"
„Ne – o, da!" odgovori Braun, bacajući pogled na papir: „14 Taners Kort, Nort..."
Rupert poskoči i udari dlanom o dlan.
„Dakle, šta čekamo? Krenimo. Bazile, pozajmi mi svoj revolver."
Bazil je zurio u užareni pepeo poput čoveka u transu; i prošlo je nekoliko trenutaka pre nego što je odgovorio:
„Ne mislim da će ti trebati."
„Možda neće", reče Rupert, navlačeći svoj krzneni kaput. „Nikad se ne zna. Ali, ići u podzemlje, u susret kriminalcima..."
„Misliš da su oni kriminalci?" upita njegov brat.
Rupert se odvažno nasmeja. „Izdavanje naređenja podređenom radi davljenja bezopasnog stranca u podrumu za ugalj, može izgledati kao besprekoran eksperiment, ali..."
„Misliš da su hteli da zadave majora Brauna?" upita Bazil, istim hladnim i monotonim glasom.
„Dragi moj, uspavao si se. Pogledaj pismo."
„Upravo gledam pismo", reče ludi sudija spokojno; iako je, ako ćemo pravo, gledao u vatru. „Ne mislim da je od one vrste pisama koje jedan kriminalac piše drugom."
„Dragi moj dečače, sjajan si", povikao je Rupert, vrteći se ukrug, sa smeškom u svojim plavim prodornim očima. „Tvoji metodi me zadivljuju. Zašto, evo pisma. Napisano je, i uz to daje uputstva za zločin. Isto tako možeš da kažeš da spomenik Nelsonu uopšte nije od onih stvari koje su pogodne da se postave na Trafalgar skver."
Bazil Grant se sav stresao uz prigušen smeh, ali inače se nije micao.

„Ovo je prilično dobro", reče. „Ali, naravno, logika poput ove nije ono što se zaista traži. Ovo je pitanje duhovne atmosfere. Ovo nije zločinačko pismo."

„Jeste. To je činjenica", uzvikivao je drugi u grču razboritosti.

„Činjenice", mrmljao je Bazil, kao kad neko pominje neke čudne, udaljene životinje, „kako činjenice zamagljuju istinu. Možda sam pošašaveo – u stvari, van sebe sam – ali, nikad neću verovati u tog čoveka – kako mu beše ime, u onim izvrsnim pričama? – Šerlok Holms. Svaka pojedinost ukazuje na nešto, naravno; ali, sve u svemu, na pogrešnu stvar. Činjenice ukazuju u svim pravcima, čini mi se, poput hiljada grančica na drvetu. Jedino je život drveta taj koji poseduje sklad i diže se – jedino zelena krv koja, kao izvor, navire ka zvezdama."

„Ali, kog đavola pismo može biti sem zločinačko?"

„Imamo večnost da u njoj rastežemo noge", odvrati mistik. „To može biti beskraj stvari. Nisam video nijednu od njih – jedino sam video pismo. Gledam u njega, i kažem da nije zločinačko."

„Onda, odakle potiče?"

„Nemam ni najmaglovitiju ideju."

„Zašto, onda, ne prihvataš jednostavno objašnjenje?"

Bazil, nakratko, produži da prodorno gleda u žar, i kako se činilo, da prikuplja misli na ponizan, čak bolan način. Potom reče:

„Pretpostavimo da si izašao na mesečinu. Pretpostavimo da si prošao tihim, srebrnastim ulicama i trgovima dok se nisi našao na otvorenom i pustom mestu, utvrđenom s nekoliko spomenika, i ugledao nekog kako, odeven kao balerina, igra uz srebrno svetlucanje. I pretpostavimo da si osmotrio, i video da je to bio čovek koji se prerušio. I pretpostavimo da si ponovo osmotrio, i da si shvatio da je to bio Lord Kičener[1]. Šta bi pomislio?"

Za trenutak je zastao, a onda nastavio:

„Ne bi mogao da usvojiš obično objašnjenje. Obično objašnjenje za oblačenje jedinstvene odeće jeste da izgledaš lepo u njoj; ne bi pomislio da se Lord Kičener obukao kao balerina iz obične lične sujete. Pomislio bi da je verovatnije da je od slavne babe nasledio ludačku strast za plesom; ili da je hipnotisan na seansi; ili mu je tajno društvo zapretilo smrću ako odbije ogled nevinosti. Na Baden-Pauela[2], recimo, moglo bi se kladiti – ali ne i na Kičenera. Biće da sve ovo znam jer sam ga, za moje službe, poznavao prilično dobro. Stoga razumem to pismo veoma dobro, i zločince isto tako. Ovo nije zločinačko pismo. Sve je u atmosferi." I on zatvori svoje oči i pređe rukom preko čela.

Rupert i major gledali su ga s mešavinom uvažavanja i sažaljenja. Ovaj prvi reče:

„Dobro, u svakom slučaju idem, i dalje ću imati na umu – kako tvoja spiritualna zagonetka nadolazi – da čovek koji šalje poruku preporučujući zločin, to jest upravo zločin koji je zbilja izvršen, barem kao proba, jeste, po svemu sudeći, pomalo čudan u svom osećaju za moral. Mogu li dobiti taj revolver?"

---

[1] Horacio Herbert Kičner, nosilac najvišeg vojničkog čina u britanskoj vojsci, osvajač Sudana i državni sekretar odbrane uoči Prvog svetskog rata. U to vreme organizovao trupe u razmerama do tada neviđenim u britanskoj istoriji, i postao simbol narodne volje za pobedom. – *Prim. prev.*

[2] Ser Robert Baden-Pauel (Baden-Powell) – osnivač svetskog pokreta skauta. – *Prim. prev.*

„Naravno", reče Bazil, pridižući se. „Ali, krećem s vama." I prebaci stari ogrtač ili kabanicu preko sebe, i iz ugla uze štap sa mačem skrivenim u njemu.

„Ti!" reče Rupert, pomalo iznenađen, „ti jedva da ikada napuštaš svoju jazbinu ne bi li bacio pogled na išta na ovom svetu."

Bazil je isprobavao stari beli šešir, strahopoštovanja vredan.

„Jedva da ikada", reče, s nesvesnom i silnom arogancijom, „čujem o nečemu na ovom svetu što ne shavatam iz prve, pa moram da idem da vidim u čemu je stvar."

I on krenu u purpurnu noć.

Nas četvorica vitlali smo duž treperavih ulica Lambeta, prekoputa Vestminsterskog mosta, i duž nasipa u pravcu onog dela Flit Strita u kojem se nalazi Taners Kort. Uspravna, tamna figura majora Brauna, gledano otpozadi, bila je čudan kontrast huškačkom stavu mladog Ruperta i njegovom lepršavom mantilu, koji je, poput detinje očaranosti, usvojio svu dramatičnost poze detektiva iz mašte. Najfiniji među mnogim njegovim probranim kvalitetima bio je dečački nagon za bojom i čulnošću Londona. Bazil, koji je koračao pozadi, lica uronjenog u zvezde, imao je izgled mesečara.

Rupert zastade na uglu Taners Korta, s treptajem ushićenosti pred opasnošću, i steže Bazilov revolver u džepu svog zimskog kaputa.

„Da uđemo sad?" upita.

„Nećemo zvati policiju?" upita major Braun, gledajući pronicljivo gore-dole niz ulicu.

„Nisam siguran", odgovori Rupert, mršteći obrve. „Svakako, prilično je jasno, stvar je skroz nečasna. Ipak, trojica nas je, i..."

„Ne bih zvao policiju", reče Bazil čudnim glasom. Rupert ga je gledao netremice.

„Bazile", uzviknu on, „ti drhtiš. U čemu je stvar – plašiš li se?"

„Nazeb, verovatno", reče major, motreći ga. Bez sumnje, drhtao je.

Najzad, posle nekoliko trenutaka ispitivanja, Rupert poče strahovito da psuje.

„Ceriš se", vikao je. „Znam taj tvoj đavolski, potuljeni, drhtavi smeh. Šta je dođavola smešno, Bazile? Evo nas, sva trojica, na korak od jazbine razbojnika..."

„Svejedno, ne bih zvao policiju", reče Bazil. „Nas četvorica junaka prilično smo jednaki domaćinu", i nastavi da se trese uz svoju zagonetnu razdraganost.

Rupert nestrpljivo krenu i brzo koraknu niz dvorište, a mi ostali ga sledismo. Kad je stigao do vrata br. 14, naglo se okrenuo, revolver je zablistao u njegovoj ruci.

„Drž'te se", reče on glasom zapovednika. „Podlaci možda pokušavaju bekstvo u ovom času. Moramo da otvorimo vrata i navalimo unutra."

Istog trena, nas četvorica šćućurismo se ispod zasvođenog ulaza, ne mrdajući, sem starog sudije i njegove zgrčene radosti.

„Dakle", reče Rupert Grant, iznenada okrenuvši svoje bledo lice i vatrene oči, „kad kažem 'četiri', sledite me u jurišu. Ako kažem 'Drž' ga', prignječite prikane na zemlju, ko god da su. Ako kažem 'Stoj', stanite. Reći ću to ako ih ima više od troje. Ako nas napadnu, ispraznić revolver u njih. Bazile, spremi svoj mač. A sad – jedan, dva, tri, četiri!"

Na te reči razvalismo vrata i upadosmo u sobu poput kakve invazije, ali samo da bismo se ukopali u mestu.

Soba, koja je bila obična i uredno opremljena kancelarija, ispostavilo se, na prvi pogled, da je prazna. Ali, na drugi i pažljiviji pogled, videli smo da je iza prilično velikog stola s aktima i fiokama zbunjujuće raznovrsnosti, sedeo omanji čovek crnih ulaštenih brkova, i s držanjem veoma prosečnog pisara, sav prionuo na pisanje. On pogleda nagore pošto zastadosmo.

„Jeste li kucali?" upita učtivo. „Oprostite ako nisam čuo. Šta mogu da učinim za vas?"

Nastade tajac neizvesnosti, a potom, uz opšti pristanak, major lično, žrtva nasilja, iskorači napred.

Pismo mu beše u ruci, a sam je izgledao neuobičajeno ljutit.

„Je li vaše ime P. G. Nortover?" upita on.

„To je moje ime", odgovori drugi, smešeći se.

„Mislim", reče major Braun, sa sve više i više zlokobnog sjaja na licu, „da ste ovo pismo pisali vi." I uz glasan pljesak on spusti pismo na sto svojom stisnutom pesnicom. Čovek po imenu Nortover zurio je u pismo s neizveštačenim interesovanjem i samo klimnuo.

„Dakle, gospodine", reče major, dišući teško, „šta ćemo s tim?"

„Šta s tim, preciznije", reče čovek s brkovima.

„Ja sam major Braun", reče džentlmen neumoljivo.

Nortover se nakloni. „Drago mi je, gospodine. Šta imate da mi kažete?"

„Kažem!" povika major, iznenada se razbesnevši. „Želim da se ova zbunjujuća stvar uredi. Želim..."

„Naravno, gospodine", reče Nortover, poskočivši uz lagano dizanje obrva. „Hoćete li sesti za trenutak." I on pritisnu električno zvono tik iznad sebe, koje zadrhta i zazvoni u sobi prekoputa. Major spusti ruku na naslon stolice koja mu je ponuđena, ali je stajao uznemiren i tupkao po podu svojim uglačanim čizmama.

Sledećeg trenutka jedna staklena međuvrata se otvoriše, i vedar, mršav, mlad čovek u dugačkom kaputu, uđe iznutra.

„Gospodine Hopson", reče Nortover, „ovo je major Braun. Hoćete li, molim vas, da završite onu stvar koju sam poverio jutros i da je donesete?"

„Svakako, gospodine", reče gospodin Hopson, i iščeznu poput munje.

„Oprostićete mi, gospodo", reče prepredeni Nortover, uz svoj blistavi osmeh, „ako produžim s poslom dok gospodin Hopson bude gotov. Imam još neke knjige koje moram da raščistim pre nego što sutra otperjam na odmor. A svi mi volimo miomiris sela, zar ne? Ha, ha!"

Zlotvor uze svoju olovku smešeći se poput deteta, i nastade tajac; blaga i nametljiva tišina na strani gospodina P. G. Nortovera; jarosna na strani svih ostalih.

Najzad se škrabanje Nortoverove olovke u tišini izmešalo s kucanjem na vratima, gotovo istovremeno s okretanjem kvake, i gospodin Hopson ponovo uđe unutra s istom uzdržanom hitrinom, stavljajući papir ispred svog nadređenog, i ponovo nestade.

Čovek za stolom je nekoliko trenutaka sukao i uvrtao svoje ušiljene brkove, dok je očima šarao gore-dole po papiru koji mu je bio podnet. Latio se svoje olovke, istovremeno se lagano mršteći, i prepravio nešto, mrmljajući – „Nemar." Potom je čitao ponovo, s istom nedokučivom zamišljenošću, i konačno uručio papir zapanjenom Braunu, čija ruka je iskovala đavolov znak na naslonu stolice.

„Mislim da ćete utvrditi da je sve u redu", reče kratko.

Major je zurio u papir; da li je utvrdio da je sve u redu ili nije pokazaće se kasnije, tek, utvrdio je kao što sledi:

*Major Braun P. G. Nortoveru:*

|  | £ | s. | d. |
|---|---|---|---|
| 1. januar, položiti račun | 5 | 6 | 0 |
| 9. maj, stavljanje u saksije i ugradnja daninoći | 2 | 0 | 0 |
| Troškovi kolica | 0 | 15 | 0 |
| Najam čoveka s kolicima | 0 | 5 | 0 |
| Najam kuće i bašte na jedan dan | 1 | 0 | 0 |
| Opremanje sobe paunovim zavesama, bakarnim ornamentima, itd. | 3 | 0 | 0 |
| Usluge gospođice Džejmson | 1 | 0 | 0 |
| Usluge gospodina Plovera | 1 | 0 | 0 |
| Ukupno £ | 14 | 6 | 0 |

*Bili bismo vam zahvalni da platite račun*

„Šta", reče Braun, posle potpunog zastoja, i očima koje su se činile da lagano iskaču iz njegove glave: „Šta je, pobogu, ovo?"

„Šta je ovo?" ponovi Nortover, veselo naprežući obrve. „To je vaš račun, naravno."

„Moj račun!" Majorovi pojmovi izgleda da su bili u zapanjujućem haosu. „Moj račun! I šta treba s njim da uradim?"

„Dakle", reče Nortover, smešeći se sasvim, „svakako pretpostavljam da ćete ga platiti."

Majorove ruke i dalje su počivale na naslonu stolice dok su reči nadolazile. Jedva da se mrdnuo, ipak, jednom rukom podigao je stolicu skroz uvis i bacio je Nortoveru na glavu.

Nogare tresnuše naspram stola, tako da je Nortover dobio udarac samo u lakat dok je ustajao stisnutih pesnica, tek da ga ne bi ščepali u složnom jurišu. Stolica uz klepet pade na prazan pod.

„Puštajte me, hulje", vrištao je. „Puštajte me..."

„Stoj", vikao je Rupert autoritativno. „Postupak majora Brauna je opravdan. Gnusan zločin koji ste pokušali..."

„Mušterija ima savršeno pravo", reče Nortover žustro, „da sumnja da je zacepljen, ali, dođavola, ne i da baca nameštaj."

„Šta, zaime Boga, vi podrazumevate pod vašim mušterijama i prekomernim plaćanjiima?" vrisnu major Braun, čija vidljiva ženska priroda, postojana u bolu ili opasnosti, postade gotovo histerična u dodiru s beskrajnom i razdražujućom misterijom. „Ko ste vi? Nikada nisam video ni vas ni vaše drske, tupave račune. Znam da je jedna od vaših prokletih zveri pokušala da me zadavi..."

„Ludak", reče Nortover, pileći naokolo uprazno; „svi su oni ludi. Nisam znao da putuju kao kvartet."

„Dosta s tim vrdanjem", reče Rupert; „vaši zločini su otkriveni. Policajac se nalazi na uglu. Iako tek privatni detektiv, lično ću poneti odgovornost rekavši vam da ma šta kažete..."

„Ludak", ponavljao je Nortover, umornog izgleda.

A u tom času, po prvi put, izbi među svima njima, čudan, uspavljujući glas Bazila Granta.

„Majore Braun", reče, „mogu li da vas upitam?"

Major okrenu glavu uz rastuću zbunjenost.

„Vi?" zavapi on; „naravno, gospodine Grant."

„Možete li da mi kažete", reče zagonetno, upalog lica i spuštenih obrva, dok je šarao po prašini svojim štapom sa mačem, „možete li da mi kažete ime čoveka koji je stanovao u vašoj kući pre vas?"

Nesrećni major samo se još više uznemirio ovom poslednjom i uzaludnom nebitnošću, i odgovorio nejasno:

„Da, mislim da mogu; čovek po imenu Garni i još nešto – ime s crticom – Garni-Braun; tako beše."

„A kada je kuća promenila vlasnika?" reče Bazil, gledajući pronicljivo. Njegove neobične oči plamtele su svim sjajem.

„Uselio sam se prošlog meseca", reče major.

I kod te puke reči zlikovac Nortover iznenada pade u svoju veliku kancelarijsku stolicu i uzviknu grohotnim smehom.

„O, ovo je savršeno – ovo je više nego izvrsno", jedva je izgovarao, kršeći ruke. Smejao se praskavo; Bazil Grant smejao se bez glasa; a mi ostali osećali smo jedino da su nam glave bile poput vetrokaza na vihoru.

„Dođavola, Bazile", reče Rupert, lupajući nogom. „Ako ne želiš da skrenem i raznesem ti taj metafizički mozak, reci mi šta sve ovo znači."

Nortover se pridiže.

„Dopustite mi, gospodine, da objasnim", reče. „I, pre svega, dopustite mi da vam se izvinim, majore Braun, za najgnusniju i neoprostivu grešku, koja vam je nanela zlo i neugodnost, u kojoj ste se, ako mi dozvolite da kažem, poneli sa zadivljujućom hrabrošću i dostojanstvom. Naravno, ne treba da brinete oko računa. Pokrićemo štetu." I cepajući papir nadvoje, bacio je polovine u korpu za otpatke i naklonio se.

Siroto Braunovo lice i dalje je bilo slika i prilika zbunjenosti. „Ali, čak nisam počeo ni da shvatam", zavapio je. „Kakav račun? Kakva greška? Kakva šteta?"

Gospodin P. G. Nortover dođe nasred sobe, zamišljen, u mnogome nesvesno dostojanstven. Ako bliže razmotrimo, postojale su, očigledno, pored uvrnutih brkova, i druge stvari u vezi s njim, naročito ispošćeno, žućkasto lice, nalik jastrebu, i ne bez inteligencije izjedene brigom. Tada pogleda osorno.

„Znate li gde se nalazite, majore?" reče.

„Bog zna da ne znam", reče ratnik, vatreno.

„Stojite", odgovori Nortover, „u kancelariji Agencije za avanture i romanse."

„A šta je to?" bezizrazno se čudio Braun.

Poslovni čovek nagnuo se preko naslona stolice, i uperio svoje tamne oči u lice ovog drugog.

„Majore", reče, „jeste li ikada, dok ste hodali duž prazne ulice nekog besposlenog poslepodneva, osetili neutoljivu glad da se nešto dogodi – nešto, kao u sjajnim stihovima Volta Vitmena: 'Nešto ubitačno i užasno; nešto što se otrglo slabašnom i pobožnom životu; nešto što potvrde nema; nešto u zanosu; nešto što se otelo sidrištu i slobodno hita.' Jeste li ikada osetili to?"

„Naravno da nisam", reče major kratko.

„Onda vam moram objasniti s više detalja", reče gospodin Nortover, uzdišući. „Agencija za avanture i romanse počela je da ide u susret velikoj savremenoj žudnji. Na svim stranama, u razgovoru i u literaturi, slušamo o žudnji za većim poprištem događaja radi nečeg što nas napada iz zasede i zadivljujuće vodi na stranputicu. Dakle, čovek koji oseća ovakvu požudu za raznolikim životom, plaća godišnju ili tromesečnu sumu Agenciji za avanture i romanse; zauzvrat, Agencija za avanture i romanse prihvata se da ga okruži zaprepašćujućim i čudnim događajima. U času dok izlazi na svoja vrata, čoveka obavija uzbudljiv zamajac i osigurava mu zaplet nasuprot njegovom životu; on ulazi u kočiju, i vozi se do neke opijumske jazbine; prima zagonetan telegram ili dramatičnu posetu, i momentalno je u vrtlogu zapletenih događaja. Vrlo slikovitu i dirljivu priču najpre je napisao čovek iz personala jednog proslavljenog romanopisca koji trenutno naporno radi u susednoj sobi. Vašu, majore Braun (koju je osmislio naš gospodin Grigsbi), smatram naročito moćnom i smislenom; gotovo da je žalosno što niste videli njen kraj. Jedva da mi je potrebno da vam nadalje objašnjavam užasnu grešku. Vaš prethodnik u sadašnjoj vašoj kući, gospodin Garni-Braun, bio je klijent naše agencije, i naši tupavi pisari, kao da su ignorisali uzvišenost crtice i ponos vojničkog čina, jamačno umislivši da su major Braun i gospodin Garni-Braun ista osoba. Tako ste iznenada uleteli usred priče drugog čoveka."

„Kako, zaime sveta, ta stvar funkcioniše?" upita Rupert Grant, plamenih i fasciniranih očiju.

„Mi verujemo da radimo otmen posao", reče Nortover oduševljeno. „Neprestano nam se čini da u savremenom životu nema elementa koji je jadniji od činjenice da je savremeni čovek prinuđen da traga za čitavim umetničkim postojanjem u sedećem položaju. Ako poželi da se otisne u zemlju snova, on čita knjigu; ako poželi da jurne usred borbe, on čita knjigu; ako poželi da se vine u nebo, on čita knjigu; ako poželi da se otkliza niz ogradu, on čita knjigu. Mi mu dajemo ove vizije, ali u isto vreme pružamo mu i upražnjavanje, potrebu za skakanjem sa jednog zida na drugi, borbom s nepoznatom gospodom, bežanjem od progonitelja niz duge ulice – same zdrave i ugodne aktivnosti. Pružamo mu odsjaj zore tog silnog sveta Robina Huda ili Viteza lutalice, kada se jedna sjajna predstava odvijala pod blistavim nebom. Vraćamo mu njegovo detinjstvo – to božanstveno vreme kad možemo da se uživimo u priče, da budemo sopstveni junaci – i u istom času igrariju i sanjarenje."

Bazil je piljio u njega znatiželjno. U svemu jedinstveno psihološko otkriće ostavljeno je za kraj, jer kad je omaleni poslovni čovek prestao da govori, imao je plamteće oči fanatika.

Major Braun primio je objašnjenje s potpunom jednostavnošću i dobrim humorom.

„Razume se, užasna glupost, gospodine", reče on. „Bez svake sumnje, plan izvanredan. Ipak, ne mislim..." Na čas se zaustavio, i sneno pogledao kroz prozor. „Ne mislim da ćete me naći u njemu. Nekako, kad čovek uvidi – uvidi stvari kakve jesu, znate – krv i ljude kako zapomažu, prohte mu se da ima kućicu i nekakav hobi; u Bibliji, znate, 'Prema tome, tek predstoji počinak'."

Nortover se nakloni. Onda, posle predaha, reče:

„Gospodo, mogu li da vam ponudim svoju posetnicu. Ako iko od vas poželi, u bilo koje doba, da, uprkos gledištu majora Brauna, razgovara sa mnom o ovoj stvari..."

„Biću prinuđen da uzmem vašu posetnicu, gospodine", reče major, svojim odsečnim ali uljudnim glasom. „Platiću za stolicu."

Agent *Romansi i avantura* pruži svoju posetnicu, osmehujući se.

Pisalo je: „P. G. Nortover, B. A., K.U.Z., Agencija za romanse i avanture, 14 Taners Kort, Flit Strit."

„Šta je, zaime sveta, 'K.U.Z.'?" upita Rupert Grant, gledajući preko majorovog ramena.

„Zar ne znate?" uzvrati Nortover. „Zar niste čuli za Klub uvrnutih zanata?"

„Izgleda da ima prokleto mnogo čudnih stvari za koje nismo čuli", reče major zamišljeno. „Koja je ova?"

„Klub uvrnutih zanata je društvo sastavljeno isključivo od ljudi koji su izmislili neke nove i pouzdane načine za zarađivanje novca. Bio sam jedan od prvih članova."

„I zaslužujete da budete", reče Bazil, uzimajući, uz osmeh, svoj veliki beli šešir, i progovorivši poslednji put te večeri.

Kad su izlazili, agent Avantura i romansi navukao je čudan osmeh, dok je gasio žar i otključavao sto. „Fina njuška, taj major; kad neko nema crtu pesnika, ipak ima šanse da sam bude opevan. Ali, setiti se, da od svih ljudi, ovakvu paklenu malu kreaturu upletemo u mreže jedne od Grigsbijevih priča..." i glasno se smejao u tišini.

Baš kad se smeh razlegao, začu se oštro kucanje na vratima. Jajolika glava, s tamnim brkovima, ugurala se unutra, s omalovažavajućim i unekoliko besmislenim pitanjem.

„Šta, vratili ste se, majore?" povika Nortover u neverici. „Šta mogu da učinim za vas?"
Major se grozničavo uvuče u sobu.
„Ovo je užasno besmisleno", reče. „Nešto se pokrenulo u meni, što nikada ranije nisam spoznao. Ipak, u dubini duše osećam očajničku žudnju da saznam završetak sveg ovog."
„Završetak svega?"
„Da", reče major. „'Šakali', tapije i 'Smrt majoru Braunu'."
Agentovo lice se smrklo, ali oči su mu igrale.
„Veoma mi je žao, majore", reče, „ali to što tražite nije moguće. Ne znam nikog kome bih učinio pre nego vama; ali, pravila agencije su striktna. Avanture su poverljive; vi niste uključeni; nije mi dopušteno da vas uputim ni makac više nego što mogu da pomognem. Nadam se da me shvatate..."
„Nema nikoga", reče Braun, „ko shvata disciplinu bolje od mene. Mnogo vam hvala. Laku noć."
I omaleni čovek povukao se poslednji put.
Oženio se gospođicom Džejmson, damom s riđom kosom i zelenim kostimom. Ona je bila glumica, koju je (kao i mnoge druge) zapošljavala Agencija za romanse; a njena udaja za preterano urednog starog veterana izazvala je izvesno komešanje u njenom mlitavom i intelektualnom društvu. Uvek je, veoma tiho, ponavljala da je srela mnoštvo ljudi koji su se ponašali sjajno u šaradama koje je za njih pripremao Nortover, ali je srela samo jednog čoveka koji se uputio dole u podrum kada je zaista pomislio da se u njemu nalazi ubica.
Major i ona žive srećno poput ptica, u čudnoj vili, a on se odao pušenju. U drugim stvarima ostao je nepromenjen – osim što, možda, u trenucima kada,

oprezan i pun ženske nesebičnosti, kakav je major po prirodi, pada u trans zamišljenosti. Tada njegova žena prepoznaje, uz skriveni osmeh, bezizražajnim pogledom u svojim plavim očima, da se on pita šta su predstavljale tapije, i zbog čega mu nije bilo dopušteno da pominje šakale. Ipak, poput mnogih starih ratnika, Braun je religiozan, i veruje da će uspeti da razume ostatak te purpurne avanture u nekom boljem svetu.

Poglavlje 2

# BOLAN SUNOVRAT IZVRSNOG UGLEDA

Bazil Grant i ja smo, jednog dana, pričali o tome da je za razgovor, možda, najsavršenije mesto na svetu – prosečno pust tramvaj. Časkati na vrhu brda jeste izvanredno, ali isto to na vrhu letećeg brda prava je bajka.

Prostrani pusti predeli severnog Londona su promicali; brza vožnja pružala nam je razmere njegovog beskraja i bede. Bila je to, takoreći, kapija beskraja, gadna večnost, i mi osetismo stvarni užas sirotinjskih delova Londona, užas koji je potpuno izostavljen i izokrenut kod senzacionalnih romanopisaca koji ga opisuju kao stanje materije od tesnih ulica, propalih kuća, kriminalaca i manijaka i rupčaga poroka. U tesnim ulicama, u rupčagama poroka, ne očekujete civilizaciju, ne očekujete poredak. Ali, užas ovih stvari počivao je u činjenici da je tu postojala civilizacija, da je postojao poredak. Ipak, ta civilizacija pokazivala je tek svoju morbidnost, a poredak jedino svoju monotoniju. Niko ne bi rekao, idući u ozloglašeni kvart: „Nigde statua. Ne opažam katedrale." Ipak, bilo je javnih zdanja; međutim, bila su to većinom pribežišta za umobolne. Bilo je statua; samo, bile su to pretežno statue inženjera železnice i filantropa – dve bezbojne klase ljudi ujedinjene zajedničkim prezirom prema ljudima. Bilo je crkvi; samo, bile su to crkve mračnih i nastranih sekti, Agapemonita ili Irvingita. Iznad svega, bilo je širokih puteva i ogromnih raskrsnica i tramvajskih linija i bolnica i svih pravih znakova civilizacije. Ali, iako čovek nikada nije znao, u izvesnom smislu, šta će sledeće ugledati, postojala je jedna stvar za koju smo znali da je nikada nećemo ugledati – nešto zaista ogromno, suštinsko, od najbolje klase, nešto što je čovečanstvo obožavalo. A uz neopisivu odvratnost, naše emocije se, kako mislim, vraćaju onim zaista skrivenim i vijugavim mestima, onim zaista opakim ulicama, onim istinskim sirotinjskim kvartovima koji leže oko Temze i Sitija, u kojima, pored svega, ostaje stvarna mogućnost da bi, u svakom mogućem kutku, veliki krst moćne Renove[1] katedrale mogao da se surva na ulicu poput groma.

„Ali, moraš uvek da imaš na umu, takođe", reče mi Grant na svoj uzvišeni apstraktni način, kada sam se zauzimao za ovo gledište, „da sva ništavnost života ovih plebejski uređenih mesta svedoči o trijumfu ljudske duše. Slažem se s tobom. Slažem se da su prinuđeni da žive u nečemu gorem od varvarstva. Moraju da žive u četvrtorazrednoj civilizaciji. Ali, ipak, skoro da sam siguran da je većina ljudi ovde dobra. A biti dobar jeste avantura daleko žešća i izazovnija od plovidbe oko sveta. Pored..."

„Nastavi", rekoh.

Nije bilo odgovora.

„Nastavi", rekoh, navaljujući.

Velike plave oči Bazila Granta bile su iskolačene i on nije obraćao pažnju na mene. Zurio je bočno od tramvaja.

„U čemu je stvar?" upitah, takođe bacivši pogled.

---

[1] Ser Kristofer Ren, astronom, geometar i najveći engleski arhitekta svog doba. Konstruisao je 53 londonske crkve, uključujući i katedralu Sv. Pavla, kao i mnoga svetovna zdanja. – *Prim. prev.*

„Veoma je čudno", najzad progovori Grant, smrknuto, „da sam se ovoliko prevario, baš u času optimizma. Rekoh da su svi ovi ljudi bili dobri, a eno najrđavijeg čoveka u Engleskoj."

„Gde?" upitah nagnut i dalje, „gde?"

„Ah, imao sam pravo", nastavi on, u tom čudnom neprekinutom i sanjivom tonu, uvek ljuteći svoje slušaoce u odsudnim trenucima, „imao sam pravo kad sam rekao da su svi ovi ljudi bili dobri. Oni su junaci; oni su sveci. Tu i tamo, može biti, ukradu kašiku ili dve; može biti da istuku ženu žaračem; oblače se u belo; u svakom slučaju, u poređenju s ovim čovekom – imaju krila i oreol."

„Kojim čovekom?" povikah ponovo, a onda moje oči uloviše figuru u koju su piljile Bazilove napregnute oči.

Bio je vitak, uglađen čovek, koji se veoma brzo kretao kroz užurbanu gomilu, ali, iako na njemu nije bilo ničega valjanog što bi privuklo naročitu pažnju, bilo je prilično toga što je zahtevalo pažljivo razmatranje kad jednom privuče pažnju. Nosio je crni cilindar, ali bilo je na njemu dovoljno onih čudnih vijuga pomoću kojih su dekadentni umetnici iz osamdesetih pokušavali da preobraze cilindar u nešto tako ritmično kao što je etrurska vaza. Njegova kosa, mahom seda, bila je ukovrdžana s instinktom nekoga ko ceni lepotu prelaza između sivog i srebrnog. Ostatak njegovog lica bilo je ovalan, više orijentalan – rekao bih; imao je dva crna čuperka od brkova.

„Šta je taj učinio?" upitah.

„Nisam siguran u vezi s detaljima", reče Grant, „ali njegov ukorenjeni porok jeste želja da spletkari dok drugi ne upadnu u nezgodu. Verovatno se prihvatio nekakve prevare ili drugi sprovode njegov plan."

„Kakav plan?" upitah. „Ako znaš sve o njemu, zašto mi ne kažeš zbog čega je najrđaviji čovek u Engleskoj? Kako se zove?"

Bazil Grant buljio je nekoliko trenutaka u mene.

„Mislim da si me pogrešno shvatio", reče on. „Ne znam kako se zove. Nisam ga video nikada ranije u svom životu."

„Nikada ga ranije nisi video!", povikah, pomalo se ljuteći. „Pa, zaime Boga, na šta si mislio rekavši da je najrđaviji čovek u Engleskoj?"

„Mislio sam to što sam rekao", reče Bazil Grant smireno. „U trenutku kad sam ugledao tog čoveka, shvatio sam da su svi ovi ljudi ophrvani iznenadnom i blistavom nevinošću. Shvatio sam da, dok su svi obični siroti ljudi na ulicama ono što jesu, on nije ono što jeste. Shvatio sam da ljudi u tim udžericama, prosjaci, džeparoši, siledžije, svi, u najiskrenijem smislu, pokušavaju da budu dobri. I shvatio sam da taj čovek pokušava da bude zao."

„Ali, ako ga nikada ranije nisi video...", počeh ja.

„Za ime Boga, pogledaj mu lice", poviče Bazil glasom koji prenerazi vozača. „Pogledaj obrve. One pokazuju tu paklenu gordost, koja Satanu čini tako ponositim da se izrugivao čak i na nebu, dok je bio jedan od prvih anđela tamo. Pogledaj mu brkove, toliko su izrasli kao da vređaju ljudski rod. Sveвišnjeg mu neba, pogledaj mu kosu. Zaime Boga i zvezda, pogledaj mu šešir."

Promeškoljio sam se nelagodno.

„Ali, posle svega", rekoh, „ovo je prilično nestvarno – potpuno besmisleno. Pogledaj na proste činjenice. Nikada ranije nisi video čoveka..."

„O, proste činjenice", zavapio je kao u očajanju. „Proste činjenice! Priznaješ li, zaista – još si tako ophrvan praznoverjem, tako privržen mračnim preistorijskim žrtvenicima – da veruješ u činjenice? Ne veruješ u trenutni utisak?"

„Pa, trenutni utisak može da bude", rekoh, „malo manje praktičan od činjenica."

„Besmislica", reče on. „Čime se drugim čitav svet rukovodi ako ne trenutnim utiscima? Šta je praktičnije? Prijatelju moj, filozofija ovog sveta možda se zasniva na činjenicama, poslovi se vrte na duhovnim utiscima i atmosferi. Zbog čega odbijaš ili prihvataš pisara? Premeravaš mu lobanju? Proučavaš njegovo psihološko stanje iz priručnika? Oslanjaš li se uopšte na činjenice? Ni govora. Uzimaš pisara koji može da ti očuva posao – odbijaš onog koji može da ti orobi fioke, isključivo na osnovu težine ovih trenutnih zagonetnih utisaka, sa savršenim osećajem za izvesnost i otvorenost, izjavljujem da onaj čovek koji hoda ulicom pored nas jeste protuva i zlikovac svoje vrste."

„Uvek dobro postavljaš stvari", rekoh, „ali, svakako, ovakve stvari ne mogu se odmah staviti na probu."

Bazil poskoči i zaljulja se kako se i tramvaj ljuljao.

„Hajde da siđemo i pratimo ga", reče, „kladim se u pet funti da će ispasti kao što kažem."

I uz okret, skok i trk našli smo se van tramvaja.

Čovek s kovrdžavom srebrnastom kosom i iskrivljenim istočnjačkim licem hodao je neko vreme pravo. Njegov izvanredan, dugačak ogrtač lepršao se za njim. Potom je oštro zaokrenuo s bleštavog puta i nestao u bledo osvetljenom prolazu. Mi tiho zaokrenusmo za njim.

„Ovo je čudan zaokret da bi ga čovek takve fele preduzeo", rekoh.

„Kakve fele?" upita moj prijatelj.

„Pa", rekoh, „čovek takvog izgleda i tih čizama. Pomislio sam, da budem iskren, da je pomalo čudno da takav uopšte bude u ovom delu sveta."

„A, da", reče Bazil, i ućuta.

Koračali smo, netremice gledajući ispred. Elegantna figura, kao u crnog labuda, iznenada se ocrtala naspram isprekidanog odbleska gasne lampe, a onda je progutao mrak. Intervali između svetla bili su dugački, a magla je obavijala čitav grad. Naš korak između kandelabra, postao je, stoga, brz i mehanički; ali Bazil je iznenada zastao kao zauzdani konj; ja takođe zastadoh. Gotovo da smo natrčali na čoveka. Pozamašan komad gustog mraka ispred nas bila je tmina njegovog tela.

Isprva, pomislio sam da se okrenuo kako bi se suočio s nama. Međutim, iako smo bili jedva metar daleko, nije shvatio da smo bili tamo. Pokucao je četiri puta na vrlo niska i neugledna vrata u mračnoj, nejasnoj ulici. Odblesak gasa parao je tminu dok su se lagano otvarala. Slušali smo napregnuto, ali razgovor je bio kratak i jednostavan i nerazgovetan kakav već razgovor može da bude. Naš izvanredni druškan uručio je nešto nalik papiru ili posetnici i rekao:

„Odmah. Uzmi taksi."

Hrapav, dubok glas iznutra reče:

„Imaš pravo."

I sa škljocanjem ponovo smo bili u mraku, i išli korak po korak za strancem kroz lavirinte londonskih uličica, svetlo jedva da nam je pomagalo. Bilo je tek pet sati, ali zima i magla učinili su kao da je ponoć.

„Ovo je zaista neobičan pločnik za lakovane čizme", ponovio sam.

„Ne znam", reče Bazil skromno. „Vodi do Berkli skvera."

Dok sam koračao, naprezao sam oči kroz mračnu okolinu i pokušavao da razaberem naznačeni pravac. Posle otprilike deset minuta čudio sam se i dvoumio; na kraju uvideo sam da je moj prijatelj bio u pravu.

Prilazili smo velikim, sumornim predelima otmenog Londona – sumornijim, mora se priznati, čak i od sumornih sirotinjskih kvartova.

„Ovo je baš neobično!" reče Bazil Grant, kako smo skretali prema Berkli skveru.

„Šta je neobično?" upitah. „Mislio sam da si rekao da je potpuno prirodno."

„Ne čudim se", odgovori Bazil, „što se kreće gnusnim ulicama; ne čudim se što je krenuo na Berkli skver. Ali, čudim se da je pošao u kuću tako valjanog čoveka."

„Kog valjanog čoveka?" upitah razdraženo.

„Protok vremena je jedinstvena stvar", reče on hladnokrvno. „Nije pohvalna izjava reći da sam zaboravio na svoju karijeru sudije i javne ličnosti. Živo se sećam svega, ipak to je kao prisećanje na nekakav roman. Ali, pre petnaest godina poznavao sam ovaj skver isto kao i Lord Rozberi[1], i bio vraški dalekovid, više od tog čoveka koji se penje stepenicama kuće starog Bomonta."

„Ko je stari Bomont?" upitah razdražljivo.

„Savršeno dobar čova. Lord Bomont od Foksvuda – zar ti nije poznato njegovo ime? On je čovek nesumnjive iskrenosti, plemić koji obavlja više poslova od mornarice, socijalist, anarhist, i šta ti ja znam; u svakom slučaju – filozof i filantrop. Priznajem da ima sitnu nezgodu da, u to nema sumnje, nije pri čistoj svesti. Ima tu istinsku nezgodu nastalu iz savremenog obožavanja progresa i novotarija; i on smatra da bilo šta nastrano i novo mora biti napredno. Ako bi otišao k njemu i predložio da smažeš tvoju babu, složiće se s tobom, ako svoje razloge temeljiš na higijenskoj i

---
[1] Lord Rozberi, britanski premijer na prelazu iz 19. u 20. vek. – *Prim. prev.*

javnoj koristi, kao jeftinu alternativu kremaciji. Dok god napreduješ dovoljno brzo, njemu će biti svejedno da li napreduješ ka zvezdama ili ka đavolu. Tako je njegova kuća krcata beskrajnim nizom književnih i političkih čudaka – ljudi koji nose dugačku kosu jer je to romantično, ljudi koji nose kratku kosu jer je to zdravo, ljudi koji hodaju na svojim stopalima tek da bi upotrebljavali ruke i ljudi koji hodaju na rukama iz straha da im se noge ne zamore. Pa ipak, iako posetioci njegovih *salona* ugavnom jesu budale, poput njega samog, oni su gotovo uvek, kao i on sam, dobri ljudi. Zaista sam iznenađen da vidim zločinca da ulazi tamo."

„Dragi moj", rekoh odsečno, udarajući petama o pločnik, „istina o ovoj stvari je baš prosta. Da upotrebim tvoj elokventni jezik, imaš 'sitnu nezgodu' da si *van* pameti. Ugledaš potpunog neznanca na javnom mestu; odlučuješ da razviješ izvesne teorije o njegovim obrvama. Potom ga posmatraš kao obijača, jer ulazi na vrata čestitog čoveka. Stvar je baš preterana. Priznaj da jeste, Bazile, i kreni sa mnom kući. Premda oni ljudi još ispijaju čaj, uz razdaljinu koja je pred nama, još ćemo i da zakasnimo na večeru."

Bazilove oči sijale su u izmaglici kao lampe.

„Mislio sam", reče, „da sam svladao taštinu."

„Šta sad hoćeš?" zavapih.

„Hoću", viknu i on, „ono što devojka hoće kad obuče svoju novu haljinu; hoću ono što momak hoće kad pođe na uzbudljivu utakmicu u pratnji starijeg – hoću da pokažem koliko sam prefinjen. U pravu sam u vezi s onim čovekom taman toliko kao kad kažem da imaš šešir na glavi. Ti kažeš da se ne može proveriti. Ja kažem da može. Povešću te da upoznaš mog starog prijatelja Bomonta. Divan čovek koga treba upoznati."

„Zaista misliš...?" počeh.

„Izvinjavam se" reče smireno, „što nismo obučeni za posetu", i odšeta preko širokog maglovitog skvera, popne se mračnim kamenim stepeništem i pozvoni na vrata.

Ozbiljan sluga u crnom i belom otvorio nam je vrata: čuvši ime mog prijatelja, njegovo držanje trenutno je prešlo iz začuđenosti u poštovanje. U kuću smo uvedeni veoma brzo, ali ne tako brzo kako je brzo naš domaćin, prosedi čovek plahovitog lica, izašao da nas dočeka.

„Dragi moj", uzviknu on, stežući Bazilovu ruku iznova i iznova, „nisam te video godinama. Jesi li – eh – " reče, prilično neotesano, „jesi li bio na selu?"

„Ne, nisam", odgovori Bazil, smeškajući se. „Odavno sam napustio svoj zvanični položaj, dragi moj Filipe, i živim u penziji. Nadam se da ne dolazim u nezgodnom trenutku."

„Nezgodnom trenutku", uskliknu plahoviti gospodin. „Došao si u najzgodnijem trenutku koji sam mogao da zamislim. Znaš li ko je ovde?"

„Ne", odgovori Grant ozbiljno. Još dok je govorio, grohotan smeh dopre iz unutrašnje sobe.

„Bazile", reče lord Bomont svečano. „Vimpol je kod mene."

„A ko je Vimpol?"

„Bazile", povika ovaj, „mora da si bio na selu. Mora da si bio na suprotnoj strani sveta. Mora da si bio na Mesecu. Ko je Vimpol? Ko je bio Šekspir?"

„O tome ko je bio Šekspir", odgovori moj prijatelj staloženo, „moji pogledi ne idu dalje od toga da ne mislim da je bio Bejkon. Verovatnije je da je bio kraljica Marija od Škotske. Ali to, ko je Vimpol..." i njegov govor takođe zagluši grohotan smeh iznutra.

„Vimpol!" vrisnu lord Bomont u ekstazi. „Zar nisi čuo za velikog modernog dosetljivca? Dragi moj, on se posvetio konverzaciji, neću da kažem umetnosti – jer je to, verujem, uvek bilo sve samo ne velika umetnost, poput Mikelanđelovog vajarstva – umetnosti remek-dela. Njegovi odgovori, dobri moj prijatelju, zaprepašćuju poput čoveka namrtvo ustreljenog. Oni su konačni; oni su..."

Ponovo dopre radostan grohot iz sobe, i gotovo istovremeno s tom silnom grajom, krupan, zadihan zgrčen stariji gospodin zakorači iz unutrašnjosti kuće u hodnik u kojem smo stajali.

„Dakle, dragi moj druškane", poče lord Bomont žurno.

„Kažem ti, Bomonte, neću to da trpim", prasnu krupni stariji gospodin. „Neću moći da se na taj način zabavljam s tim tričavim književnim avanturistom. Neću moći da načinim čoveka. Neću..."

„De, de", reče Bomont grozničavo. „Daj da te upoznam. Ovo je gospodin Pravedni Grant – to jest, gospodin Grant. Bazile, siguran sam da si čuo za ser Valtera Kolmondilaja."

„Ko nije?" upita Grant, i nakloni se uglednom starom baronetu, gledajući ga s izvesnom ozbiljnošću. On je bio raspaljen i uzbuđen u svom trenutnom besu, ali čak ni to nije moglo da sakrije otmenost, tako obilno ocrtanu na njegovom licu i telu, kitnjastu sedu kosu, rimski nos, telo čvrsto premda korpulentno, bradu aristokratsku premda s podvaljkom. Bio je veličanstven dvorski gospodin; toliki gospodin da je mogao da pokaže neospornu slabost u gnevu, a da sasvim ne izgubi dostojanstvo; toliki gospodin da je čak i njegov *faux pas* bio pristojan.

„Ožalošćen sam neizrecivo, Bomonte", reče on nabusito, „jer sam pao u očima ove gospode, a naročito stoga što se to dešava u tvojoj kući. Ali, ovo se, ni na koji način, ne odnosi ni na tebe ni na njih, već na one razmetljive uobražene meleze..."

U tom trenutku, mlad čovek s izuvijanim crvenim brkovima i natmurenog držanja izađe iz unutrašnje sobe. On, takođe, izgleda nije mnogo uživao u intelektualnom banketu unutra.

„Mislim da se sećate mog prijatelja i sekretara, gospodina Dramonda", reče lord Bomont, okrećući se Grantu, „čak i da ga se sećate jedino kao đaka."

„Savršeno", reče ovaj. Gospodin Dramond rukovao se srdačno i s poštovanjem, ali njegove obrve bile su i dalje natmurene. Okrenuvši se ser Valteru Kolmondilaju, on reče:

„Lejdi Bomont poslala me je da izrazim njenu nadu da ne odlazite već, ser Valtere. Kaže da vas je jedva videla."

Stari gospodin, i dalje crven u licu, borio se u sebi; potom su njegovi dobri maniri trijumfovali, i uz gest naklonosti i nejasno izustivši; „Ako lejdi Bomont... lejdi, svakako", pošao je za tim mladim čovekom natrag u *salon*. Jedva da je tamo ostao pola minuta pre nego što je još jedan prasak smeha pokazao da je (po svemu sudeći) ponovo bio ismejan.

„Naravno, mogu da opravdam dobrog starog Kolmondilaja", reče Bomont, dok nam je pomagao da skinemo kapute. „Nije od savremeno mislećih."

„Šta je to savremeno mislećí?" upita Grant.

„O, pa to je, znaš, neko prosvećen i napredan – koji se suočava sa životnim činjenicama ozbiljno." U tom času još jedan prasak smeha dopre iznutra.

„Samo pitam", reče Bazil, „zbog poslednja dva od tvojih moderno mislećih prijatelja; jedan je smatrao da je pogrešno jesti ribe, a drugi je mislio da je ispravno jesti ljude. Oprosti – ovuda, ako se dobro sećam."

„Znaš li", reče lord Bomont, nekako grozničavo gostoljubiv, dok je žurno ulazio za nama. „Nikako ne mogu tačno da razaberem na kojoj si strani. Ponekad izgledaš tako liberalan, a ponekad tako reakcionaran. *Jesi li* savremen, Bazile?"

„Ne", reče Bazil, gromko i raspoloženo, dok je ulazio u prepunu primaću sobu.

Ovo je izazvalo blago skretanje pažnje, i neke oči odvratiše se s našeg vitkog druškana orijentalnog lica, po prvi put tog poslepodneva. Dvoje ljudi, pak, i dalje je zurilo u njega. Jedna je bila domaćinova kćerka, Mjuriel Bomont, koja je piljila u njega velikim ljubičastim očima i snagom i strašnom žudnjom gornjeg ženskog staleža za usmenom zabavom i podsticajem. Drugi je bio ser Valter Kolmondilaj, koji je buljio u njega netremice i zlovoljno, s očevidnom žudnjom da ga izbaci kroz prozor.

On je sedeo tamo, više sklupčan nego zavaljen u fotelji; sve, počev od prevoja njegovih uglađenih falti, do kovrdža njegove srebrnaste kose, više je upućivalo na zmijsko gnezdo nego na oštre crte čoveka – očigledno, izvanredno pakosnog čoveka koga smo videli da šeta severnim Londonom, njegove oči sijale su ponovnom pobedom.

„Ono što ne mogu da razumem, gospodine Vimpol", reče Mjuriel Bomont žudno, „jeste na koji način se dovijate da sve ovo razmatrate s takvom lakoćom. Kazujete stvari prilično filozofski, a ipak tako ludo šaljivo. Ako bih mislila o tim stvarima, sigurna sam da bih se zacenila od smeha, na samu pomisao o tome."

„Slažem se s gospođicom Bomont", reče ser Valter, najednom eksplodiravši s indignacijom. „Ako bih mislio o nečemu tako besplodnom, shvatio bih da bi teško sačuvao svoju pribranost."

„Teško biste sačuvali pribranost", uzviknu gospodin Vimpol, uzbunjeno; „o, pa sačuvajte svoju pribranost! Čuvajte je u Britanskom muzeju."

Svi se nasmejaše bučno, kao što su uvek i činili gotovo jednodušno spremni, a ser Valter, iznenada se okrenuviši sav rumen, povika:

„Znaš li ti kome se obraćaš svojim prokletim glupostima?"

„Nikada ne govorim gluposti", reče ovaj drugi, „a da prethodno ne poznajem svoju publiku."

Grant pređe preko sobe i potapša po ramenu sekretara s riđim brkovima. Gospodin se oslanjao na zid posmatrajući čitavu scenu priličnom namršteno; ali, uobražavao sam, baš naročito namršteno kako mu je pogled pao na domaćinovu mladu gospođicu koja je ushićeno slušala Vimpola.

„Mogu li da porazgovaram s vama napolju, Dramonde?" upita Grant. „O poslu je. Gospođa Bomont će nam oprostiti."

Sledio sam svog prijatelja, na njegov zahtev, veoma se čudeći ovom neobičnom razgovoru po strani. Iznenada, prođosmo u neku sobu izvan hodnika.

„Dramonde", reče Bazil oštro, „ovde ima prilično dobrih ljudi, i dosta je onih pri čistoj svesti, ovog popodneva. Na nesreću, nekom koincidencijom, svi dobri ljudi su ludi, a oni pri čistoj svesti su rđavi. Vi ste jedina osoba koju znam ovde da je čestita i u isto vreme ima nešto zdravog razuma. Šta mislite o Vimpolu?"

Gospodin sekretar Dramond imao je bledo lice i riđu kosu; ali na ovo, lice mu postade crveno poput njegovih brkova.

„Nemam ispravan sud o njemu", reče.

„Zašto nemate?" upita Grant.

„Zato što ga mrzim poput pakla", reče ovaj žestoko, posle duge pauze.

Ni Grantu ni meni nije bilo potrebno da pitamo za razlog; njegovi pogledi upućivani gospođici Bomont i neznancu dovoljno su govorili. Grant tiho reče:

„Ali pre – pre nego što ste ga zamrzeli, šta ste stvarno mislili o njemu?"

„U velikoj sam neprilici", reče mladi čovek, a njegov glas nam je govorio, kristalno jasno, da je bio častan čovek. „Kad bih o njemu govorio kako sada osećam, ne bih mogao da verujem sebi. A trebalo bi da sam kadar da kažem da sam, kàda sam ga prvi put ugledao, mislio da je šarmantan. Ali opet, činjenica je da nisam. Mrzim ga, to je moja lična stvar. Ali, takođe, ne, ne mislim dobro o njemu – zaista, verujem da ne mislim dobro o njemu, sasvim po strani od mojih ličnih osećanja. Kada je prvi put došao, priznajem da je bio mnogo mirniji, ali nije mi se sviđalo, da tako kažem, njegovo moralno šepurenje. Potom nam ga je veseli stari ser Valter Kolmondilaj predstavio, a taj druškan je, sa svojim jadnim humorom, počeo da se šegači na račun starog isto kao što čini i sada. Potom sam osećao da on mora da je rđava sudbina; mora da je jadno boriti se sa starim i dobrim. A on se sa sirotim starcem bori divljački; bez prekida, kao da mrzi vremešnost i dobrotu. Shvatite to, ako želite, kao svedočenje pristrasnog svedoka. Priznajem da mrzim tog čoveka, jer ga izvesna osoba obožava. Ali, bez obzira na to, verujem da bi trebalo da ga mrzim, jer ga ser Valter mrzi."

Ove reči ganule su me uz istinski osećaj poštovanja i saosećanja prema mladiću; to jest, saosećanja prema njemu zbog njegovog očigledno beznadežnog obožavanja gospođice Bomont, a poštovanja prema njemu zbog neposrednog istinskog izveštaja o povesti o Vimpolu koji nam je pružio. Ipak, bilo mi je žao što je izgleda bio tako žestoko protiv tog čoveka, a nisam mogao da to ne povežem s instinktom njegovih ličnih odnosa, ma kako ih plemenito on odagnao od sebe.

Usred tih meditacija, Grant mi šapnu na uvo ono što je, verovatno, bilo najzaprepašćujuće od svih upadica.

„Za ime Boga, hajdemo."

Nikada nisam shvatio na koliko zapanjujući način me je ovaj čudni starac privlačio. Jedino sam znao da me je, iz jednog ili drugog razloga, toliko privlačio da sam za nekoliko trenutaka našao na ulici.

„Ovo je", reče, „gadna, ali zabavna afera."

„Šta?" upitah, prilično jednostavno.

„Ova afera. Slušaj me, stari moj. Lord i lejdi Bomont upravo su pozvali tebe i mene večeras na veliki prijem s večerom, na kojem će gospodin Vimpol biti u svoj svojoj slavi. U redu, nema ničeg tako neobičnog u tome. Neobična stvar jeste što mi nećemo ići."

„Dakle, zaista", rekoh, „već je šest sati i sumnjam da bismo stigli kući i obukli se. Ne vidim ništa neobično u činjenici da nećemo ići."

„Ne vidiš?" reče Grant. „Kladim se da ćeš videti nešto nebično u onome što ćemo raditi umesto toga."

Gledao sam ga tupo.

„Raditi umesto toga?" upitah. „Šta ćemo raditi umesto toga?"

„Zašto", reče on, „čekamo sat-dva van kuće u zimsko veče? Moraš mi oprostiti; sve je to moja sujeta. Sve je to tek da bih ti pokazao da sam u pravu. Možeš li, uz pomoć ove cigare, da sačekaš dok ser Valter Kolmondilaj i zagonetni Vimpol odu iz ove kuće?"

„Naravno", rekoh. „Ali, ono što ne znam jeste koji će, po svoj prilici, prvi otići. Imaš li neku ideju?"

„Ne", reče. „Ser Valter može da ode prvi zažaren od besa. Ili pak, gospodin Vimpol može prvi da ode, osećajući da mu je poslednji epigram stvar koja će se širiti iza njega kao vatromet. A možda će ser Valter ostati neko vreme kako bi analizirao karakter gospodina Vimpola. Ali, obojica će morati da odu u razumnom vremenu, jer će obojica morati da se presvuku i vrate ovamo na večeru."

Dok je govorio, piskav dvostruki zvižduk s verande velike kuće primakao je veliki crni fijaker do mračne kapije. A onda se dogodila stvar koju zaista nismo očekivali. Gospodin Vimpol i ser Valter Kolmondilaj izađoše u isti čas.

Zaustaviše se na skundu-dve okrenuti jedan prema drugom u iskrenoj neverici; potom izvesna srdačnost, verovatno suštinska kod obojice, učini da se ser Valter nasmeši i kaže: „Noć je maglovita. Molite se za moj fijaker."

I pre nego što sam mogao da izbrojim do dvadeset, fijaker ode s njima dvojicom čangrljajući uz ulicu. A pre nego što sam stigao do dvadeset tri, Grant mi zašišti na uvo:

„Trči za fijakerom; trči kao da te goni pobesneli pas – trči."

Hitali smo odlučno, držeći fijaker na oku, kroz mračne zapletene ulice. Sam Bog zna, pomislih, zašto uopšte trčimo, ali trčali smo ne stajući. Na sreću, nismo trčali daleko. Fijaker se zaustavio na raskršću ulica i ser Valter isplati kočijaša, koji se odvezao radostan, došavši u dodir s najdarežljivijim među bogatašima. Potom su dva čoveka pričala kao kad ljudi razgovaraju pošto su naneli uvredu i bili veoma uvređeni, razgovor koji vodi ili do praštanja ili do duela – bar je tako izgledalo dok smo ih posmatrali udaljeni desetak metara. Potom se dva čoveka rukovaše srdačno, i jedan ode jednom ulicu, a drugi drugom.

Bazil se, uz jednu od svojih retkih gestikulacija, baci rukama napred.

„Trči za tim nitkovom", uzviknu. „Uhvatimo ga sad."

Jurnusmo otvorenim prostorom i nađosmo se na raskršću dve ulice.

„Stoj!" viknuh divljački Grantu. „Pogrešno skretanje."

On nastavi da trči.

„Idiote!" dreknuh. „Ser Valter je otišao onuda. Vimpol nas je navukao. Sad je pola milje niz drugu ulicu. Grešiš... Jesi li gluv? Grešiš!"

„Ne mislim da grešim", dahtao je, i nastavljao da trči.

„Ma, video sam ga!" zavapih. „Gledaj ispred sebe. Je l' ono Vimpol? To je starac... Šta to radiš? Šta da činimo?"

„Samo trči", reče Grant.

Trčeći, gotovo da smo naleteli na široka pleća pompeznog starog baroneta, čiji su beli brkovi bleštali kao srebro na isprekidanoj svetlosti lampi. Mozak mi se načisto zbunio. Ništa nisam shvatao.

„Čarli", reče Bazil promuklo, „možeš li da veruješ u moj zdrav razum na četiri minuta?"

„Naravno", rekoh dahćući.

„Onda mi pomozi da uhvatim tog čoveka pred nama i da ga zadržim. Učini to čim kažem 'Sad'. Sad!"

Skočismo na ser Valtera Kolmondilaja, i oborismo tog krupnog starog gospodina na leđa. Borio se hvale vrednom hrabrošću, ali mi smo ga čvrsto svladali. Nisam imao ni najmanju ideju zašto. Bio je vanredno snažan i srčan; kad nije šamarao, udarao je, ali mi ga svladasmo; kad nije mogao da udara, zapomagao je, ali mi ga ućutkasmo. Onda, kako je Bazil uredio, dovukli smo ga u omaleno dvorište s ulične strane i čekali. Kao što sam rekao, uopšte nemam ideju zbog čega.

„Žao mi je što te gnjavim", reče Bazil neskriveno mirno; „ali ugovorio sam sastanak ovde."

„Sastanak!" rekoh bezizrazno.

„Da", reče on, ravnodušno bacajući pogled na zgrčenog vremešnog aristokratu, ućutkanog na zemlji, čije su se oči bespomoćno kolutale. „Utanačio sam ovde sastanak s doista divnim mladim čovekom. Jednim starim prijateljem. Džasper Dramond je njegovo ime – mogao si da ga upoznaš danas popodne kod Bomontovih. Teško da može da dođe dok se večera kod Bomontovih ne završi."

Tokom, ni sam ne znam koliko sati, stajali smo primireni u tami. Dok su sati proticali, iz dubine duše sam shvatio da se desila ista ona stvar koja se davno desila na sudijskoj stolici u Britanskom sudu pravde. Bazil Grant je poludeo. Nisam mogao da zamislim nikakvo drugo objašnjenje činjenica u vezi sa krupnim vremešnim seoskim gospodinom preplanulog lica, koji je, ućutkan, ležao tu na podu kao naramak drva.

Nakon otprilike četiri sata, ispošćena prilika u večernjem odelu uletela je u dvorište. Na odsjaju gasne lampe ukazali su se riđi brkovi i bledo lice Džaspera Dramonda.

„Gospodine Grant", reče on bezizražajno, „stvar je neverovatna. Bili ste u pravu; ipak, na šta ste mislili? Tokom čitave večeri, gde su vojvode i vojvotkinje i urednici *Tromesečnika* naročito došli kako bi ga čuli, taj izvanredni Vimpol ćutao je kao zaliven. Nije ubacio ni najobičniju pošalicu. Uopšte ništa nije rekao. Šta to znači?"

Grant pokaza na krupnog starog gospodina na zemlji.

„Eto šta znači", reče.

Dramond, spazivši tog krupnog gospodina da sasvim spokojno leži na tom mestu, odskoči unazad, kao od miša.

„Šta?" reče nemoćno, „... Šta?"

Bazil se iznenada sagnuo i istrgao papir iz ser Valterovog gornjeg džepa, papir zbog koga je baronet, čak i u svom ukočenom položaju, izgledao da čini izvestan napor da ga zadrži.

Bio je to veliki neuvezan komad belog pakpapira, koji je gospodin Džasper Dramond čitao beziražajnim očima s neskrivenim zaprepašćenjem. Koliko je mogao da protumači, sastojao se od niza pitanja i odgovora, ili u najmanju ruku opaski i replika, sastavljenih u stilu kateheziza. Veći deo dokumenta bio je pocepan i uništen u borbi, ali nešto je i preostalo. Glasio je kao što sledi:

*K.* Kaže... Sačuvajte pribranost.
*V.* Čuvajte... Britanskom muzeju.
*K.* Znam kome govorim... gluposti.
*V.* Nikada ne govorim gluposti, a da...

„Šta je ovo?" povika Dramond, bacajući papir u krajnjem besu.

„Šta je ovo?" uzvrati Grant, njegov glas prelazio je u vrstu izvanrednog pojanja. „Šta je ovo? Ovo je sjajna nova profesija. Sjajan novi zanat. Neznatno nemoralno, priznajem, ali ipak sjajan poput gusarenja."

„Nova profesija!" nejasno reče mladi čovek riđih brkova. „Novi zanat!"

„Novi zanat", ponovi Grant, s čudnim likovanjem. „Nova profesija! Kakva šteta što je nemoralan."

„Ali, kog đavola je to?" uzviknusmo Dramond i ja bogohulno.

„To je", reče Grant spokojno, „izvanredni novi zanat Organizatora duhovitih odgovora. Ovaj krupni stari gospodin što leži na zemlji, nasankao vas je – u šta uopšte ne sumnjam – pričom da je veoma glup i veoma bogat. Da razjasnim njegov karakter. On je, poput nas, veoma pametan i veoma siromašan. Takođe, uopšte nije krupan; sve je to od prenatrpavanja. Nije nešto posebno star, a ime mu nije Kolmondilaj. On je varalica, i to savršeno divna i neobična. Iznajmljuje sebe da na prijemima vodi druge ka dovitljivim odgovorima. Prema unapred dogovorenoj šemi (koju možete naći na tom parčetu papira), izgovara gluposti na svoj račun, a njegov klijent izgovara pripremljene domišljate stvari za sebe. Ukratko, dopušta da za gvineju bude magarčen čitavo veče."

„A taj momak Vimpol..." poče Dramond s ogorčenjem.

„Taj momak Vimpol", reče Bazil Grant, smešeći se, „u budućnosti neće biti intelektualni rival. Poseduje neke istančane stvari, eleganciju i srebrnasti šešir, i tako dalje. Ali, intelekt je kod našeg prijatelja na zemlji."

„Taj druškan", povika Dramond besno, „taj druškan treba da bude iza rešetaka."

„Nikako", reče Bazil popustljivo. „On treba da bude u Klubu uvrnutih zanata."

Poglavlje 3

# GROZAN POVOD PAROHOVE POSETE

Pobuna materije protiv čoveka (za koju verujem da postoji) sada je svedena na jedinstvenu formu. To su pre sićušne nego velike stvari, koje se bore protiv nas i, mogao bih da dodam, koje nas savladavaju. Kosti poslednjeg mamuta davno su istrulile, golema olupina; oluje više ne proždiru naše mornarice, pa ni planine ognjenih srca ne seju pakao po našim gradovima. Ipak, uvučeni smo u žestok i beskrajan rat sa sićušnim stvarima; poglavito s mikrobima i dugmadima za kragnu. Dugme kojim sam bio zaokupljen (žestoko i bukvalno) dok sam kovao gorepomenute misli, bilo je ono koje sam pokušavao da zakopčam za okovratnik svoje košulje, kada se začu glasno kucanje na vratima.

Moja prva misao bila je da je Bazil Grant došao da po mene. Trebalo je da se pojavimo na istoj večeri (za koju sam se oblačio), i možda mu je dunulo u glavu da dođe po mene, premda smo se dogovorili da idemo odvojeno. Bila je to nevelika i prisna sedeljka kod vrle, ali politički nekonvencionalne dame, jedne njegove stare prijateljice. Obojicu nas je zamolila da upoznamo trećeg gosta, kapetana Frejzera, koji se ponešto pročuo i bio autoritet za šimpanze. Kako je Bazil bio stari prijatelj domaćice, a ja je nikada nisam sreo, imao sam osećaj da je sasvim moguće da je on (uz svoju uobičajenu društvenu pamet) mogao da odluči da mi se pridruži kako bi probio led. Teorija, poput svih mojih teorija, bila je na mestu; ali, u stvari, to nije bio Bazil.

Uručena mi je vizit karta s imenom „Velečasni Elis Šorter", a ispod je dopisano olovkom, ali rukopisom koji čak ni onome koji je u žurbi ne bi mogao da prikrije potištenost i gospodsku uzvišenost: „Molim za razgovor od nekoliko trenutaka o pitanju od najveće hitnosti!"

Već sam pokorio dugme, objavljujući time da lik Božji ima prevlast nad svim stvarima (dragocena istina), navlačeći svoj prsluk i odelo, hitajući u gostinsku sobu. Pojavio se na ulaznim vratima, lepršajući kao tuljan; ne mogu da upotrebim drugačiji opis. Preko desnog ramena lepršao mu se karirani šal; lepršao je parom patetičnih crnih rukavica; lepršala mu se odeća; mogu da kažem, bez preuveličavanja, da je lepršao kapcima dok je ulazio. Bio je sedokosi stari sveštenik bez dlaka na veđama i belih brkova, apatrapa osobenjak. On reče:

„Zaista mi je neprijatno. Zaista mi je veoma neprijatno. Zaista mi je krajnje neprijatno. Dolazim... mogu samo da kažem... mogu samo da kažem u svoju odbranu, da dolazim... u vezi sa jednom važnom stvari. Molim da mi oprostite."

Rekao sam mu da mu savršeno opraštam, i potom sam čekao.

„Ono što imam da kažem", reče isprekidano, „jeste tako užasno... baš je užasno... živeo sam mirnim životom."

Goreo sam od želje da pobegnem, jer je već postalo neizvesno hoću li na vreme stići na večeru. Ipak, bilo je nečega u starčevom časnom držanju prema gorčini, što mi je izgleda odškrinulo izvesnost života, većeg i mnogo tragičnijeg od mog.

Blago prozborih: „Molim, nastavite."

Pored svega, stari gospodin, budući gospodin koliko i vremešan, primeti moje skriveno nestrpljenje i izgledao je još bespomoćniji.

„Zaista mi je neprijatno", reče blago. „Nije trebalo da dolazim... da mi nije... vaš prijatelj major Braun preporučio da dođem ovamo."

„Major Braun!" rekoh, pomalo zainteresovan.

„Da", reče Velečasni gospodin Šorter, grozničavo umotavajući svoj šal. „Kazao mi je da ste mu pomogli u velikoj nevolji... a moja nevolja! O, dragi moj gospodine, to je pitanje života i smrti."

Naglo usadoh, prilično zbunjen. „Hoće li to potrajati, gospodine Šorter?" upitah. „Moram da pođem na večeru gotovo ovog časa."

On takođe usta, drhteći od glave do pete, a ipak na izvestan način, uz svu njegovu moralnu ukočenost, uzdigao se do dostojanstva svojih godina i svoje službe.

„Nemam prava, gospodine Svinbern... uopšte nemam prava ", reče. „Ako morate da pođete na večeru, vi naravno imate... savršeno pravo... razume se, savršeno pravo. Ali, kad se vratite – čovek će biti mrtav."

I on sede, stresavši se poput želea.

Tričavost večere, u ta dva minuta mog razmišljanja, rastočila se i bila potopljena. Nisam želeo da odem i upoznam udovicu zabavljenu politikom i kapetana koji sakuplja majmune; želeo sam da čujem šta je ovog dragog, posrnulog starog paroha dovelo u neposrednu opasnost.

„Hoćete li cigaru?" rekoh.

„Ne, hvala vam", reče uz neopisivu zbunjenost, kao da je ne pušiti cigare bilo društvena sramota.

„Čašu vina?" rekoh.

„Ne, hvala vam, ne, hvala vam; ne ovog časa", ponavljao je s tom histeričnom žudnjom kojom ljudi koji uopšte ne piju često pokušavaju da saopšte da bi bilo koje druge noći u sedmici probdeli čitavu noć ispijajući punč od ruma. „Ne ovog časa, hvala vam."

„Nešto drugo čime vas mogu poslužiti?" rekoh, osećajući iskreno saosećanje za starog magarca dobrih manira. „Šolju čaja?"

Video sam u njegovim očima kako se bori, i pobedio sam. Kad je čaj stigao, ispio ga je kao što alkomanijak naiskap ispija brendi. Tada se zavalio i rekao:

„Proživeo sam lepa vremena, gospodine Svinbern. Nisam privržen ovim uzbuđenjima. Kao paroh Čansija, u Eseksu" – ubacio je ovo s neopisivom taštinom – „uopšte nisam znao da se takve stvari događaju."

„Kakve se stvari događaju?" upitah.

Uspravljao se s iznenadnim dostojanstvom.

„Kao paroh Čansija, u Eseksu,", reče, „nikada nisam bio silom obučen u staricu i nateran da pristanem na zločin u tom liku. Nikad ranije. Moje iskustvo možda je malo. Možda nedovoljno. Ali, ovo mi se nikada pre nije dogodilo."

„Nikada nisam čuo da to", rekoh, „spada u dužnosti sveštenika. Međutim, nisam baš dobar u crkvenim stvarima. Oprostite mi, ako sam možda propustio da vas pravilno razumem. Obučen – kao šta?"

„Kao starica", reče paroh svečano, „kao starica."

U sebi sam pomislio da nije potrebna velika transformacija da bi se od njega načinila starica, ali stvar je, očigledno, bila više tragična nego komična, i ja izustih s poštovanjem:

„Mogu li da upitam kako se to dogodilo?"

„Krenuću od početka", reče gospodin Šorter, „i ispričaću svoju priču s najvećom mogućom tačnošću. U sedamnaest minuta posle jedanaest, ovog jutra, otišao sam iz parohije radi izvesnih sastanaka i da obavim neke posete u selu. Moja prva poseta bila je kod gospodina Džervisa, blagajnika naše Lige hrišćanske zabave, s kojim sam imao posla oko potraživanja od strane Parksa, baštovana, u vezi sa uređenjem teniskog travnjaka. Potom sam posetio gospođu Arnet, veoma cenjenu članicu crkve, ali trajno prikovanu za krevet. Ona je autor nekoliko malih radova o predanosti, i knjige stihova, pod naslovom (ako me pamćenje ne vara) *Divlja ruža*."

Izgovarao je sve ovo, ne samo promišljeno, već kao nešto što se može nazivati jedino – po protivurečnoj frazi – žestoka odmerenost. Imao je, kako mislim, nejasnu predstavu o detektivima u detektivskim pričama, koji uvek neumoljivo zahtevaju da ništa ne sme da se izostavi.

„Potom sam produžio", nastavio je, uz manijačku savesnost u ophođenju, „do gospodina Kara (naravno ne gospodina Džejmsa Kara nego Roberta Kara) koji trenutno pomaže našem orguljašu, i pošto sam se posavetovao s njim (o stvari u vezi sa dečakom iz hora koji je optužen, još ne mogu da kažem pravedno ili ne, da je prosekao rupe na cevima orgulja), konačno sam navratio na Dorkas skup u kući gospođice Bret. Dorkas skupovi obično se održavaju u parohiji, ali budući da moja žena nije najbolje, gospođica Bret, pridošlica u našem selu, ali veoma aktivna u crkvenim poslovima, vrlo ljubazno je pristala da ih drži kod sebe. Dorkasovo društvo je potpuno pod upravom moje žene, i osim gospođice Bret, koja je, kao što kažem, veoma aktivna, jedva da poznajem ijednog člana. Obećao sam, pak, da ću navratiti do njih, i tako sam i učinio.

Kada sam stigao, tamo su bile svega četiri druge neudate dame uz gospođicu Bret, ali zauzete šivenjem. Veoma je teško, razume se, za bilo koga, ma koliko čvrsto bio pod utiskom o neophodnosti o potpunom i tačnom izlaganju činjenica o ovim stvarima, da se priseća i ponavlja stvarne detalje razgovora, naročito razgovora (iako nadahnutog najvećom dostojnošću i revnosnim divljenjem za izvrsno delanje) koji je bio takav da nije duboko impresionirao slušaočev um u tom trenutku i bio, u suštini, eh, uglavnom o čarapama. Dakako, mogu jasno da se prisetim da je jedna od usedelica (mršava prilika s vunenim šalom, kojoj je izgleda bilo hladno, i gotovo da sam siguran da mi je predstavljena kao gospođica Džejms) napomenula da je vreme bilo promenljivo. Gospođica Bret potom me je ponudila čajem, koji sam i prihvatio, ne mogu da se setim kojim rečima. Gospođica Bret je oniža i snažna dama sede kose. Jedina druga figura u grupi koja je privukla moju pažnju bila je gospođica Moubrej, omalena i uredna dama aristokratskih manira, srebrnkaste kose, zvonkog glasa i bele puti. Bila je daleko najushićenija učesnica sedeljke; a njena gledišta u pogledu pregača, premda iskazana uz dužno poštovanje prema meni, bila su, po sebi, čvrsta i napredna. Pored nje (iako je svih pet dama bilo jednostavno obučeno u crno) ne bi moglo da se porekne da su ostale izgledale, kako bi vi, muškarci od sveta, mogli da kažete – aljkavo.

Nakon desetak minuta razgovora, pridigao sam se da krenem, i tek što sam to učinio, čuo sam nešto što... ne mogu da opišem... nešto što izgleda... ali, zaista ne mogu da opišem."

„Šta ste čuli?" upitah nestrpljivo.

„Čuo sam", reče paroh svečano, „čuo sam gospođicu Moubrej (damu srebrne kose) da govori gospođici Džejms (dami s vunenim šalom), sledeće neobične reči. Nakratko sam ih prepustio pamćenju, i čim su mi okolnosti dopustile da to učinim, zabeležio sam ih na parče papira. Verujem da ga imam ovde." On nespretno pročeprka po svom gornjem džepu, vadeći sitne stvari, zabeleške, kružna pisma i programe seoskih koncerta. „Čuo sam gospođicu Moubrej da gospođici Džejms kaže sledeće reči: 'Na tebe je red, Bile.'"

Piljio je u mene nekoliko trenutaka pošto je objavio ovo, ozbiljno i nepokolebljivo, kao da je svestan da je ovde bio neuzdrman sopstvenim činjenicama. Potom je nastavio, okrećući svoju ćelavu glavu bliže vatri.

„Ovo mi se učinilo značajnim. Nikako nisam ovo mogao da razumem. Isprva mi se činilo sasvim čudno da se jedna neudata dama obraća drugoj sa 'Bil'. Moje iskustvo, kao što rekoh, možda je nepotpuno; usedelice možda, između sebe i u isključivo usedeličkim krugovima, imaju raspusnije običaje nego što sam ih svestan. Ipak, učinilo mi se čudnim, i gotovo da sam mogao da se zakunem (ako pogrešno ne shvatite izraz), bio sam čvrsto prisiljen da u tom trenutku smatram da su reči: 'Na tebe je red, Bile', bez sumnje bile izgovorene s tom intonacijom više klase, što je, kao što sam već rekao, dovelo do toga da sada karakteriše konverzaciju gospođice Moubrej. U stvari, reči 'Na tebe je red, Bile', bile bi, kako zamišljam, nepodesne ako bi bile izgovorene s tom intonacijom više klase.

Bio sam iznenađen, ponavljam, tada kad sam to zapazio. Ali, još više sam bio iznenađen kada sam, gledajući oko sebe u zbunjenosti, svoj šešir i kišobran u ruci, ugledao mršavu damu s vunenim šalom kako se naslanja pravo na okvir vrata kroz koja tek što nisam izašao. I dalje je štrikala, i pretpostavio sam da je ovakav uspravan stav naspram vrata bio tek neka ekscentričnost među usedelicama i nekakvo previđanje moje namere da odem.

Rekao sam ljubazno: „Zaista mi je žao da vas uznemiravam, gospođice Džejms, ali zaista bih morao da krenem. Imam... eh... ' na ovom mestu sam se zaustavio, jer su reči koje je izustila u odgovor – premda osobito kratke i u tonu sasvim nalik poslovnim – bile takve kao da čine da sprečavanje mojih primedbi bude, verujem, prirodno i opravdano. I ove reči imam zapisane. Uopšte nemam predstavu o njihovom značenju; tako da sam bio sposoban da ih iskažem samo fonetski. Ali ona reče", i gospodin Šorter munjevito pogleda na svoj papir, „ona reče: 'Prestani, debeloglavi', i dodade nešto što je zvučalo kao: 'Ovo je kopka", ili (moguće) „klopka'. A onda se poslednja nit, da li zbog moje ili razboritosti vasione, iznenada odmotala. Moja poštovana prijateljica i pomoćnik, gospođica Bret, stojeći kraj kamina, reče: 'Gurni mu tu staru glavu u torbu, Sem, i veži ga pre nego što počneš da brbljaš. Ukebaće te jednog dana, ako ovako nastaviš, teško nama s tvojim pozorištem.'

Vrteo sam glavom sve u krug. Je li zaista bila istina, kako sam iznenada shvatio u prethodnom trenu, da su neudate dame činile nekakvo sopstveno užasno, raskalašno društvo iz kojeg su svi ostali bili isključeni? Nejasno se sećam, u svojim najboljim danima (nekad sam bio učenjak, ali sada, avaj! zarđao), sećam se misterija Bona Dej[1] i njihove čudne ženske masonerije. Sećam se veštičjih Sabata. Tek što sam pokušavao, u svojoj besmislenoj lakomislenosti, da se

---

[1] Bona Dea („Dobra boginja") – rimska boginja plodnosti, naročito obožavana od uglednih rimskih žena. Ona kod žena upravlja i devičanstvom i plodnošću. Ona je kćer boga Fauna, i često je nazivana Faunom. Imala je hram na brdu Aventin, ali njeni tajni rituali (4. decembra) nisu održavani tamo, već obič-

prisetim stihova o Dijaninim nimfama, kad me gospođica Moubrej obuhvatila rukom otpozadi. Kad me zgrabila, shvatio sam da to nije ženska ruka.

Gospođica Bret – ili ono što sam zvao gospođicom Bret – stajala je naspram mene s ogromnim revolverom u ruci i široko se cerila. Gospođica Džejms i dalje je bila naslonjena na vrata, ali je zauzela sasvim novo držanje, potpuno neženstveno, što je bilo zaprepašćujuće. Tapkala je cipelama, s rukama u džepovima i nakrivljenom kapom. Bila je muško. Mislim bila je že... ne, to jest, video sam da umesto da bude žena, ona – mislim on – to jest, bio je muškarac."

Gospodin Šorter se neopisivo užurba i uzbudi u nastojanju da u isto vreme sredi ove rodove i svoj karirani šal. Nastavio je grozničavo:

„Što se gospođice Moubrej tiče, ona – on, držala me u čeličnom stisku. Uhvatio me je rukom – to jest, uhvatila – oko svog vrata – mislim, mog vrata – i nisam mogao ni da zucnem. Gospođica Bret – to jest, gospodin Bret, ili u najgorem gospodin *nešto* što nije bilo gospođica Bret – uperila je revolver u mene. Druge dve dame – ili eh – gospodina, pozadi su čeprkale po nekoj torbi. Najzad je sve bilo jasno: bili su to kriminalci, preobučeni u žene da bi me oteli! Da otmu paroha Čansija, u Eseksu. Ali, zbog čega? Jesu li to bili nekonformisti[1]?

---

no kod nekog istaknutog rimskog magistrata. Pristup su imale isključivo žene, a čak su i uklanjane predstave muškaraca i zveri. Njen lik često se može naći na metalnim novčićima. – *Prim. prev.*

[1] Nekonformisti su protestanti koji nisu bili članovi Engleske crkve – metodisti, kvekeri, baptisti, pripadnici Vojske spasa, i drugi. – *Prim. prev.*

Zver oslonjena na vrata uzviknula je nehajno: "Ajde, 'Ari. Pokaži matorom u čemu je stvar i čistimo se.'

'Proklet da 'e', reče gospođica Bret – mislim, čovek s revolverom – 'što bismo mu pokazivali u čemu je stvar?'

'Ako prihvatiš moj savet, idiote, pokazaćeš mu', reče čovek na vratima, koga su zvali Bil. 'Čovek 'oće da zna da l je ono što radi vredno, pa i ono što nije vredno, čak iako je ćaknuti matori paroh.'

'Bil je u pravu', grubim glasom izusti čovek koji me držao (mora da je to gospođica Moubrej). 'Daj sliku, 'Ari.'

Čovek s revolverom pređe preko sobe do mesta gde su druge dve žene – mislim muškarci – istresle prtljag, i tražio im nešto što su mu dali. Prešao je s tim preko sobe i držao to ispred mene. I u poređenju s iznenađenjem zbog tog prizora, sva prethodna iznenađenja tog groznog dana iznenada su presušila.

Bio je to moj portret. Da takva slika bude u rukama ovakvih ništarija moglo je da, u svakom slučaju, izazove blago iznenađenje, ali ne više od toga. Bilo je to nemalo iznenađenje koje sam osetio. Sličnost je bila izvanredna, izrađena uz sav pribor običnog fotografskog studija. Držao sam glavu oslonjenu na ruku i bio naspram oslikanog šumskog pejsaža. Bilo je očito da to nije bio snimak; bilo je jasno da sam za ovakvu fotografiju morao da poziram. A istina je bila da nikad nisam pozirao za ovakvu fotografiju. Bila je to fotografija koju nikada nisam načinio.

Zurio sam u nju sve više i više. Činilo mi se da je izvrsno retuširana; bila je zastakljena i uramljena, a staklo je zamućivalo neke detalje. Ali, bez sumnje, bio je to moj lik, moje oči, moj nos i usta, moja glava i ruka, u pozi pred profesionalnim fotografom. A ja nikada nisam pozirao nijednom fotografu.

'Gle, prokletog čuda', reče čovek s revolverom, lakrdijaški u zao čas. 'Pastore, spremi se da se sretneš sa svojim Bogom.' I rekavši ovo, izvadi staklo iz rama. Kako se staklo pomerilo, video sam da je deo slike bio oslikan kineskim belilom, pretežno beli brkovi i sveštenički okovratnik. A ispod je bio portret starije dame u laganoj crnoj haljini, glave oslonjene na ruku ispred šumskog pejsaža. Stara dama ličila je na mene kao što čiode liče jedna na drugu. Nedostajali su samo brkovi i okovratnik da bude u dlaku kao ja.

'Zabavno, a?' reče čovek naznačen kao 'Ari, dok je ponovo vraćao staklo. 'Izvanredna sličnost, pastore. Zahvaljujući dami. Zahvaljujući vama. I ak' mogu da ka'em, na'očito nama, što besmo pouzdan izvor veoma dobrog ulova. Vi znate pukovnika Houkera, čoveka koji se nastanio u ovim krajevima, zar ne?'

Klimnuh glavom.

'Dakle', reče čovek 'Ari, pokazujući na sliku, 'ovo mu je majka. Koj' ga spasava ka' se nasanka? Ona', i on raširi prste kako bi odao opšte priznanje fotografu stare dame koja je bila pljunuta ja.

'Reci starom gosponu š'a ima da učini i da završimo s tim', raspali Bil s vrata. 'Gledaj 'vamo, velečasni Šorter, nećemo t' učinimo zlo. Daćemo ti funtu za tvoj trud, ako oćeš. A što se tiče aljina stare dame – što da ne, izgledaćeš divno u njima.'

'Nisi baš s ruke kod opisivanja, Bile', reče čovek iza mene. 'Gospodine Šorter, ovako ćemo. Videćemo se s tim Houkerom večeras. Možda nas sve izljubi i otvori šampanjac kad nas ugleda. Možda, s druge strane – ne. Možda bude mrtav kad odemo. Možda ne. Ali, moramo da se vidimo s njim. Sad, kao što znate, on se zatvara i nikom živom nikad ne otvara vrata; ipak, vi ne znate zašto, a mi znamo. Jedino ko uvek može da uđe, jes' njegova majka. E, pa baš je ovo zbunjujuća zabavna koincidencija', reče on, naglašavajući pretposlednje, 'veoma neobična srećna okolnost, al' vi ste njegova majka.'

'Kad sam prvi put ugledao njenu sliku', reče čovek Bil, tresući glavu poput preživara, 'kad sam je prvi put video, rekoh – stari Šorter. Baš tim rečima – stari Šorter.'

'Šta ste to naumili, divljaci?" jedva rekoh. 'Šta treba da učinim?'

'Lako je reći, vaša starosti', reče čovek s revolverom, dobro raspoložen; 'ima da obučete ove haljine', i pokaza na ženski šešir i gomilu ženske odeće u uglu sobe.

Neću se, gospodine Svinbern, zadržavati na detaljima koji su usledili. Nisam imao izbora. Nisam mogao da se borim s pet ljudi, o napunjenom pištolju da i ne govorim. Kroz pet minuta, paroh Čansija bio je obučen kao neka stara žena – kao nečija majka, ako dozvolite – i bio izvučen iz kuće da bi učestvovao u zločinu.

Bilo je već kasno popodne, i zimske tmine su brzo nadolazile. Po mračnom putu, pod udarom vetra, uputili smo se ka usamljenoj kući pukovnika Houkera, verovatno najčudnija svita koja je ikada lutala tim ili bilo kojim drugim putem. Svakom ljudskom oku, po izgledu, bili smo šest uvaženih, bezopasnih starih dama, u crnim haljinama i uglađenim ali starinskim šeširima; a bili smo zapravo – pet kriminalaca i sveštenik.

Skratiću priču. Dok sam hodao, mozak mi se uskovitlao kao vetrenjača, pokušavajući da smislim nekakav način da se izbavim. Da nadam dreku, sve dok smo bili daleko od kuća, bilo bi samoubilački, jer bi siledžijama bilo lako da me izbodu nožem ili da mi zapuše usta i bace me u jarak. S druge strane, pokušaj da zaustavim prolaznike i objasnim situaciju bio bi neizvodljiv, zbog same bezumno glupe sitaucije. Mnogo pre nego što bih uspeo da ubedim slučajno naišlog poštara ili nosača u tako apsurdnu priču, moji kompanjoni bi i sami zasigurno prišli, i po svoj verovatnoći me sklonili, kao svoju prijateljicu koja je imala nesreću da poblesavi ili se napije. Poslednja misao, pak, bila je inspirativna, iako baš grozna. Ako bi došlo do toga, paroh Čansija morao bi da se pretvara da je poludeo ili se napio? I došlo je do toga.

Koračao sam s ostalima duž opustelog puta, imitirajući, koliko god sam mogao, da držim korak s njihovim brzim, a ipak korakom nalik damskom, dok u daljini nisam ugledao kandelabar i policajca kako stoji pod njim. Odlučio sam. Dok nismo stigli onamo bili smo izveštačeno ozbiljni i tihi i brzi. Kad smo dospeli onamo, iznenada se bacih na ogradu i zaurlah: 'Uraaa! Uraaa! Uraaa! Pokori se Britaniji! Podšišaj se. Hopa-la! Bu!' Bilo je to stanje nimalo neobično za čoveka u mom položaju.

Policajac istog časa uperi svoju lampu na mene, ili na blatnjavu, pripitu stariju ženu koju sam oponašao. 'De de, gospo', poče on nabusito.

'Hajdete tiho, ili ću vas smožditi', promuklo mi je šaptao Sem na uvo. „Prekinite da vas ne oderem.' Bilo je užasno slušati te reči i gledati uredno ogrnutu staru usedelicu koja ih je šaptala.

Ja sam vikao i vikao – sad sam zbog njih bio u škripcu. Vriskao sam komične refrene koje je, na moje žaljenje, priprosti mladić pevao na našim seoskim koncertima; uvijao sam se napred-nazad poput kegle koja će da padne.

'Ako ne možete da smirite vašu prijateljicu, gospođe', reče policajac, 'moraću da je privedem. Prilično je pijana i nepristojna.'

Udvostručio sam svoje napore. Nisam ni pomislio na ovakvu vrstu stvari, ali verujem da sam prevazišao sebe. Reči koje nisam ni znao da sam ih ikada čuo, izlivale su se s mojih otvorenih usana.

'Kad vas se dočepamo', šaputao je Bil, 'jaukaćete glasnije; jaukaćete glasnije kad vam potpalimo noge.'

U sopstvenom užasu izvikivao sam te odvratne pesme razdraganosti. U svim noćnim morama koje je čovek ikada imao u snu, nije bilo ičega razornijeg i strašnijeg od lica ove petorice, koja su izvirivala iz ženskih šešira; figure sveštenickih pomoćnika đavoljih lica. Ne mogu da zamislim da u paklu postoji išta tako ružno.

U jednom gnusnom trenutku pomislio sam da će užurbanost mojih kompanjona i savršena uglađenost naše odeće osvojiti policajca i navesti ga da nas propusti. On se kolebao, do te mere da je čoveku lako da prikaže nešto tako nesumnjivo kao što je policajac kad se koleba. Iznenada sam se nagnuo napred i naslonio mu glavu na grudi, uzvikujući (ako se dobro sećam): 'O, bože, zaboga, Bil!' Bio je to u trenutku kada sam se najnežnije prisetio da sam bio paroh Čansija, u Eseksu.

Moj očajnički potez me spasao. Policajac me snažno zgrabio za vrat.

'Vi idete sa mnom', otpoče on, ali Bil se umeša svojom savršenom imitacijom ženskog, suviše nameštenog glasa.

'O, naredniče, milosti, nemojte izazivati nemir u našoj sirotoj prijateljici. Umirićemo je kod kuće. Suviše pije, ali ipak je ona dama – samo ekscentrična.'

'Potkačila me u stomak', reče policajac kratko.

'Ekscentričnost genija', reče Sem ozbiljno.
'Preklinjem vas, dajte da je otpratim do kuće', ponovio je Bil, ponovo se našavši u ulozi gospođice Džejms, 'o njoj se mora starati.' 'Dabome', reče policajac, 'ali ja ću se postarati o njoj.'
'Nije to dobro', zavapi Bil grozničavo. 'Njoj trebaju prijateljice. Njoj trebaju naročiti lekovi koji su kod nas.'
'Da', saglasi se gospođica Moubrej uzbuđeno, 'nikakvi drugi lekovi joj ne pomažu, naredniče. Sasvim jedinstvena pritužba.'
'Do'ro mi je. Kuči, kuči, ku!' primeti, na svoj neprolazni stid, paroh Čausija.
'Vidite, dame', reče narednik strogo, 'ne dopada mi se ekscentričnost vaše prijateljice, i ne sviđaju mi se njene pesme, a ni glava u mom stomaku. A kad bolje razmislim, ne dopada mi se ni kako vi izgledate, video sam mnoge lepo obučene poput vas da su bile prepredene kaluđerice. Ko ste vi?'
'Nismo ponele legitimacije', reče gospođica Moubrej, neopisivo dostojanstveno. 'Uz to ne vidimo zašto bi nas vređao bilo kakav čupoglavac koji odluči da bude neuljudan s damama, ako je već plaćen da ih štiti. Ako baš hoćete da iskoristite slabost naše nesrećne prijateljice, bez sumnje imate zakonsko pravo da je privedete. Ali, ako umišljate da imate ikakva zakonska prava da nas kinjite, zažalićete što ste u svojoj koži.'
Istinitost i uzvišenost ovih reči za trenutak su pokolebali policajca. Pod plaštom sopstvenog preimućstva, mojih pet progonitelja za časak mi poturiše sopstvena lica prokletnika i potom zbrisaše u mrak. Čim je narednik uperio svoju lampu i svoju sumnjičavost prema njima, video sam kako pogledi telegrafski se-

vaju s lica na lice, kazujući da je povlačenje ono što je jedino preostalo u ovom času.

Od tog trena lagano sam tonuo na pločnik, u stanju žestokog razmišljanja. Dok god su razbojnici bili uz mene, nisam se usuđivao da prekinem s ulogom pijanca. Jer, ako bih počeo da govorim razumno i objasnim kako stvari stoje, policajac bi samo pomislio da sam se neznatno oporavio i pustio me na brigu mojim pratiocima. I, tako, da sam hteo mogao sam s lakoćom da ga razuverim.

Ali, priznajem da nisam hteo. Prilike za život su razne, i ponekad, nesumnjivo, leže na uskoj stazi dužnosti sveštenika Engleske crkve da se pretvara da je pripita starica; ali ovakve nevolje, kako zamišljam, jesu dovoljno retke da se mnogima čine neverovatnim. Pretpostavimo da se priča bavila time da sam se pretvarao da sam pijan. Pretpostavimo da ljudi nisu baš sasvim mislili da je to bila varka.

Posrnuo sam, policajac me dopola podignuo. Vukao sam se nemoćno i potuljeno nekih stotinak jardi. Policajac je očigledno mislio da sam bio previše pospan i oronuo da bih izveo bekstvo, pa me je držao nepažljivo i dovoljno slabo. Prolazili smo jedno skretanje, pa drugo, pa treće, četvrto, on me vukao za sobom, ta opuštena i usporena i nevoljna figura. Kod četvrtog skretanja, iznenada sam se istrgao iz njegovog stiska i jurnuo niz ulicu poput pobesnelog jelena. On je bio nepripremljen, bio je težak, a bilo je mračno. Trčao sam i trčao i trčao, i tokom pet minuta trčanja, shvatio sam da sam uspeo. Za sat i po našao sam se u polju pod svetim i blagoslovenim zvezdama, gde sam zbacio sa sebe prokleti šal i šešir i zakopao ih na pustom mestu."

Stari gospodin završio je svoju priču i zavalio se natrag u fotelju. I sadržaj i stil njegovog pripovedanja, kako je vreme odmicalo, ostavljali su priličan utisak na mene. Bio je to stari zvekan i cepidlaka, ipak iza toga bio je uzoran čovek sa sela i gospodin, koji je pokazao kuraž i sportski instinkt u času očaja. Ispričao je svoju priču s prilično staromodnih formalnosti u govoru, ali takođe s dosta ubedljivog realizma.

„A sad...", počeh.

„A sad", reče Šorter, nagnuvši se napred s nekom servilnom energijom, „a sad, gospodine Svinbern, šta ćemo s tim nesrećnim Houkerom. Ne mogu da kažem šta su oni ljudi smerali, ili koliko je ono što su govorili istinito. Ali, zasigurno opasnosti ima. Ne mogu da pođem u policiju, iz razloga koje ste zapazili. Pored ostalog, ne bi mi verovali. Šta da se čini?"

Izvadio sam sat. Bilo je skoro pola jedan.

„Moj prijatelj Bazil Grant", rekoh ja, „najbolji je čovek kome možemo poći. On i ja trebalo je da večeras budemo na istoj večeri; ali, do sada se on sigurno vratio. Imate li nešto protiv da uzmemo kočiju?"

„Ne, zaista", odgovori on, dižući se učtivo, obmotavajući svoj apsurdni karirani šal.

Zveket kočije dopratio nas je do pretrpanih gomila radničkih stanova Lambeta, u kojem je Grant obitavao; pentrajući se uz iznurujuće drvene stepenice dospeli smo do njegovog potkrovlja. Kad sam ušao u taj drvenast i isparčan prostor, beličast odsjaj Bazilove košulje i sjaj njegovog krznenog kaputa na drvenoj klupi, zapanjiše me zbog kontrasta. Ispijao je čašu vina pre počinka. Bio sam u pravu; vratio se s večere.

Odslušao je priču velečasnog Elisa Šortera s istinskom jednostavnošću i poštovanjem koju nikad nije propuštao da iskaže ijednom ljudskom biću. Kad se priča završila, jednostavno je rekao:

„Poznajete li čoveka po imenu kapetan Frejzer?"

Bio sam tako zapanjem ovom potpuno nevažnom napomenom o uglednom skupljaču šimpanzi s kojim je trebalo da večeram te noći, da sam se oštro zagledao u Granta. Stoga uopšte nisam gledao u gospodina Šortera. Jedino sam čuo kako uzvraća, u svom više nego nervoznom tonu: „Ne."

Bazil je, pak, izgledao kao da je pronašao nešto veoma ozbiljno u ovakvom odgovoru ili uopšte u njegovom držanju, jer je svoje krupne plave oči fiksirao na starog sveštenika, i premda su mu oči bile potpuno mirne, postajale su sve prodornije.

„Sasvim ste sigurni, gospodine Šorter", ponovi on, „da ne poznajete kapetana Frejzera?"

„Sasvim", odgovori paroh, a ja sam zaista bio zbunjen shvativši da se umnogome vratio svom stidljivom, da ne kažem demoralizujućem tonu, kad je prvi put kročio u moje odaje.

Bazil žustro poskoči.

„Tad je naš kurs jasan", reče. „Niste čak ni počeli vašu istragu, dragi moj gospodine Šorter; prva stvar koju treba da učinimo jeste da zajedno pođemo da se vidimo s kapetanom Frejzerom."

„Kada?" upita sveštenik, mucajući.

„Sad", reče Bazil, uvlačeći ruku u svoj krzneni kaput.

Stari sveštenik poskoči na svoje noge, sav se tresući.

„Zaista mislim da to nije neophodno", reče on.

Bazil povuče ruku iz kaputa, ponovo ga baci preko stolice, i gurnu svoje ruke u džepove.

„O", reče, naglašavajući. „O... vi ne mislite da je neophodno; onda", i nastavi rečima neizrecive jasnoće i opreznosti, „onda, gospodine Elise Šorteru, mogu jedino da kežem da bih voleo da vas vidim bez vaših brkova."

I na ove reči, i ja poskočih na noge, jer je silna tragedija mog života nastupila. Sjajan i uzbudljiv, kakav je bio život u stalnom kontaktu s intelektom poput Bazilovog, oduvek sam imao osećaj da su sjaj i uzbuđenje bili na granici razuma. On je večito živeo kraj vizije o uzroku zbog kojih ljudi gube razum. A o njegovom gubitku razuma mislio sam kao što ljudi misle o smrti svojih, od srca obolelih prijatelja. Mogao je nastupiti svuda, na livadi, u kočiji, pri gledanju zalaska sunca, pušeći cigaretu. I nastupio je sada. U odsudnom času promišljanja za spas ovog stvorenja, Bazil Grant je poludeo.

„Vaše brkove", povika on, isturajući plamene oči. „Dajte vaše brkove. I vašu ćelavu glavu."

Stari paroh, prirodno, odstupi korak-dva. Ja stadoh između.

„Sedi, Bazile", preklinjao sam, „malo si se uzbudio. Dovrši svoje vino."

„Brkove", odvratio on ljutito, „brkove!"

I rekavši ovo jurnu na starog gospodina, koji se baci na vrata, ali beše uhvaćen. I onda, pre nego što sam shvatio gde se nalazim, tiha soba pretvorila se u nešto između mlataranja ruku i pandemonijuma ove dvojice. Stolice su letele svuda okolo uz tresak, stolovi poskakivali uz buku kao od groma, pregrade behu smrvljene, sudovi razbijeni u paramparčad, a Bazil Grant i dalje jurišao i drao se na Velešasnog Elisa Šortera.

A ja sam tad počeo da opažam nešto drugo, iz čega je iznikla poslednja budalasta misao moje mistifikacije. Velečasni Elis Šorter od Čansija, u Eseksu, ni u koju ruku se nije ponašao kako sam prethodno zapazio da se ponaša, ili kako je, imajući u vidu njegove godine i položaj, trebalo da očekujem da se ponaša. Silina njegovog izmicanja, jurišanja i odupiranja bila bi zadivljujuća kod momčića u sedamnaestoj, ali kod ovog posrnulog ostarelog paroha izgledala je kao kakva lakrdijaška bajka. Pored toga, nije izgledao tako zaprepašćeno kao što sam mislio. Čak je u njegovim očima bilo nečega nalik na uživanje; isto je bilo i u Bazilovim očima. U stvari, nepojmljiva istina mora se reći. Obojica su se smejala.

Najzad, Šorter beše sateran u ćošak.

„Hajdete, hajdete, gospodine Grant", brektao je on, „ništa mi ne možete. Prilično je zakonito. I nikome nije nanelo ni najmanje zla. To je samo društvena fikcija. Proizvod našeg kompleksnog društva, gospodine Grant."

„Ne krivim vas, moj čoveče", reče Bazil hladno. „Ali, hoću vaše brkove. I vašu ćelavu glavu. Pripadaju li oni kapetanu Frejzeru?"

„Ne, ne", reče gospodine Šorter, cereći se, „nabavili smo ih sami. Ne pripadaju kapetanu Frejzeru."

„Šta kog đavola sve ovo znači?" gotovo da sam zavrištao. „Jeste li obojica usred paklene noćne more? Zašto bi ćelava glava gospodina Šortera pripadala kapetanu Frejzeru? Kako bi mogla? Šta kog đavola kapetan Frejzer ima s ovim slučajem? Šta je to s njim? Ti si večerao s njim, Bazile."

„Ne", reče Grant, „nisam."

„Zar nisi otišao kod gospođe Tornton na večeru?" upitao sam, zureći. „Zašto nisi?"

„Pa", reče Bazil, lagano i naročito se smešeći, „činjenica je da sam zadržan od ovog posetioca. Našao sam ga, u stvari, u svojoj spavaćoj sobi."

„U svojoj spavaćoj sobi?" ponovih; međutim, moja imaginacija doprla je do tačke u kojoj je mogao da kaže: u otvoru svog podruma ili džepu prsluka.

Grant iskorači do vrata jedne unutrašnje sobe, naglo je otvori i stupi unutra. Potom ponovo izađe s poslednjim od svih čuda te pobesnele noći. On, u pomirljivom tonu, zagrlivši ga oko vrata, uvede u gostinsku sobu mlitavog sveštenika ćelave glave, belih brkova i s kariranim šalom.

„Sedite, gospodo", uzviknu Grant, srdačno udarivši dlanom o dlan. „Sedite svi i uzmite po čašu vina. Kao što kažete, nema ničeg naopakog u ovome, i ako mi kapetan Frejzer jednostavno da mig, mogao bih da mu prištedim lepu svotu novca. Ne bi vam se to svidelo, eh?"

Dva identična sveštenika, koja su pijuckala svoj burgundac uz dva identična keza, srdačno su se nasmejala na ove reči, a jedan od njih nehajno skinu svoje brkove i položi ih na sto.

„Bazile", rekoh, „ako si mi prijatelj, spasi me. Šta je sve ovo?"

On se ponovo nasmeja.

„Tek još jedan dodatak, Heruvime, tvojoj zbirci Uvrnutih zanata. Ova dva gospodina (u čije zdravlje sad imam zadovoljstvo da pijem) jesu Profesionalni zamajivači."

„A šta je to, zaime sveta?" upitah.

„Veoma je jednostavno, gospodine Svinberne", poče onaj koji je malopre bio Velečasni Elis Šorter od Čansija, u Eseksu; i to mi je nanelo neopisiv udarac da čujem da od tog pompeznog i porodičnog obličja više ne dopire njegov pompezni i priliježan glas, već živahni oštri tonovi mladog čoveka iz grada. „Zaista nije to ništa značajno. Plaćeni smo od strane naših klijenata da u razgovoru, pod nekim bezazlenim izgovorom, zadržimo ljude koje oni žele da izbegnu na par sati. A kapetan Frejzer –" i na ove reči je oklevao i smešio se.

Bazil se takođe smešio. Umešao se.

„Činjenica je da je kapetan Frejzer, koji je jedan od mojih najboljih prijatelja, silno želeo da nas izbegne. On večeras plovi za Istočnu Afriku, a dama s kojom je trebalo da večeramo jeste – eh – kako verujem opisana kao „njegova životna romansa". Želeo je ta dva sata s njom, i uposlio ova dva uvažena gospodina da nas zadrže kod naših kuća koliko da prepuste teren njemu nasamo."

„I, naravno", obrati mi se bivši gospodin Šorter izvinjavajući se, „budući da je trebalo da gospodina zadržim kod kuće i odvratim od ugovorenog sastanka s damom, morao sam da nastupim s nečim zaista vrućim i neodoljivim – nečim zaista neodložnim. Trebalo je stvar učiniti prijemčivom."

„O", rekoh, „oslobađam vas prijemčivosti."

„Hvala vam, gospodine", reče čovek obzirno, „uvek zahvalan za preporuke, gospodine."

Drugi čovek dokono je svukao svoju veštačku ćelu, otkrivajući skoro crvenu kosu, i sanjivo govorio, možda pod uticajem Bazilovog izvrsnog burgunca.

„Neverovatno je kako se uobičajilo, gospodo. Naša kancelarija je u poslu od jutra do mraka. Ne sumnjam da smo vas i ranije često iznurivali. Samo ostavite poruku. Ako vas ostareli mladoženja zamara lovačkim pričama, ako gorite od želje da budete predstavljeni nekom – taj je iz našeg biroa. Ako vas dama poziva radi poslova u parohiji i zadržava satima, baš kad ste poželeli da odete kod Robinsonovih – ona je iz našeg biroa. Ruka Robinsonovih, gospodine, ako posmatrate stvari malo mračnije."

„Jednu stvar ne razumem", rekoh. „Zašto ste obojica u ulozi paroha."

Senka se nadvila nad obrvama privremenog duhovnika Čansija, u Eseksu.

„To je možda bila greška, gospodine", reče on. „Ali, ne naša. Sve je to velikodušnost kapetana Frejzera. On je zahtevao da najviša cena i sposobnost, po našoj tarifi, osiguraju da vas zadržimo, gospodo. I tako, najviša svota kod nas otpada na one koji se izdaju za parohe, budući da su najviše cenjeni i zahtevaju najviše truda. Plaćeni smo pet gvineja po poseti. Imali smo prilično sreće da našim radom zadovoljimo firmu; i tako, sada smo stalno u ulogama paroha. Pre toga, proveli smo dve godine kao pukovnici, sledeći na našoj skali. Pukovnici su četiri gvineje."

Poglavlje 4

# JEDINSTVENA ŠPEKULACIJA AGENTA NEKRETNINA

Poručnik Dramond Kejt bio je čovek oko koga se razgovor uvek zapodene kao prasak groma, u trenutku kada odlazi iz sobe. Ovo proističe iz mnogih odvojenih kontakata s njim. Bio je vedra, slobodna osoba, i nosio je svetla, lepršava odela, pretežno bela, kao da je bio u tropima; bio je mršav i graciozan, poput pantera, i imao je nemirne crne oči.

Bio je prilično oskudan u novcu. Imao je jednu od navika siromašnih, u nekom stepenu toliko je preterivao u nemerljivom pomračivanju najveće bede nezaposlenih; mislim na naviku neprestane promene stanovanja. Ima perifernih delova Londona, gde je, u samom srcu izveštačene civilizacije, čovečanstvo gotovo ponovo postalo nomadsko. Ali, u tim nemirnim predelima, nije bilo toliko odrpanih skitnica bez počinka koliko elegantnih oficira u lepršavim belim odelima. On je upucao silne velike zverke u svoje vreme, ako je suditi iz razgovora s njim, od jarebica do slonova, ali njegovi najnezazorniji poznanici bili su mišljenja da je „mesec" neretko bio glavna žrtva njegove pobedničke puške. Izraz je od onih finijih, i upućuje na zagonetni, vilinski, noćni lov.

Nosio je od kuće do kuće, i od parohije do parohije, lične stvari koje su se sastojale, praktično od pet predmeta. Dva čudnovata koplja golemih sečiva, svezanih zajedno – pretpostavljam oružje nekog divljeg plemena, zeleni kišobran, ogroman i otrcani primerak *Posmrtnih spisa Pikvikovog kluba*, veliku dečju pušku i zapečaćen ćup nekog neosveštanog orijentalnog vina. Ovo je uvek išlo u svaki novi stan, makar i na jednu noć; i to bez naročitog skrivanja, uvezano svežnjem kanapa ili slame, na radost ushićenih mladih uličnih prodavaca u tesnim sivim ulicama.

Zaboravio sam da spomenem da je, isto tako, uvek nosio svoj stari pukovski mač. Ali, ovo povlači drugo čudno pitanje o njemu. Vitak i preduzimljiv kakav je bio, više nije bio baš mlad. Kosa mu je, zapravo, bila poprilično seda, mada su mu njegovi više nego neobuzdani italijanski brkovi očuvali tamnu put, a lice mu je, ispod gotovo italijanske veselosti, bilo razoreno brigom. Zateći sredovečnog čoveka koji je napustio armiju u skromnom činu poručnika jeste nesvakidašnje i ne obavezno ohrabrujuće. Uz više opreznosti i uvažavanja, ova činjenica, poput njegovog beskrajnog seljenja, činila je zagonetnog gospodina nepodesnim.

Na kraju, bio je čovek koji je pričao o takvim avanturama koje izazivaju divljenje, ali ne i poštovanje. One potiču iz čudnih predela, gde bi častan čovek jedva pronašao sebe, iz opijumskih jazbina i kockarskog podzemlja; one poseduju vrelinu lopovskih kuhinja ili mirišu na nastran dim kanibalskih čaranja. To su takve priče koje posramljuju čoveka gotovo podjednako verovao u njih ili ne. Ako su Kejtove priče bile izmišljotine, on je bio lažov; ako su bile istinite, on je, u svakom slučaju, imao beskonačnu mogućnost da bude nitkov.

Upravo je napustio sobu u kojoj sam sedeo s Bazilom Grantom i njegovim bratom Rupertom, govorljivim detektivom amaterom: I to što kažem nije se menjalo u ovom slučaju, svi smo govorili o njemu.

Rupert Grant bio je bistar mladi čovek, ipak, imao je tendenciju koju mladost i bistrina, kada su precizno spojene, vrlo često proizvode – nekakav ekstravagantni skepticizam. Svuda je video sumnju i krivicu, i to mu je bila hrana. Često sam bio razdražen tom njegovom dečačkom nevericom, ali u ovoj posebnoj prilici spreman sam da kažem da sam smatrao da je tako očigledno u pravu, da sam se zaprepastio kada mu se Bazil suprotstavio, premda zajedljivo.

Mogao bih da progutam dobar pazar, budući prirodno jednostavnih zahteva, ali ne bih mogao da progutam autobiografiju poručnika Kejta.

„Ne misliš ozbiljno, Bazile", rekoh, „da smatraš da je taj druškan kao slepi putnik išao s Nansenom i pretvarao se da je Mahniti Mula i..."

„Ima jednu manu", reče Bazil zamišljeno, „ili vrlinu, zavisi kako gledaš na to. Govori istinu isuviše tačno i ogoljeno; previše je istinoljubiv."

„O! ako ćeš da budeš paradoksalan", reče Rupert prezrivo, „daj nešto zabavnije od toga. Kaži, na primer, da je ceo svoj život proživeo u nekoj pradedovskoj palati."

„Ne, on je ekstreman privrženik promene prizora", odvrati Bazil nepristrasno, „i stanovanja po čudnim mestima. To mu ne umanjuje glavnu osobinu da bude usmeno precizan. Ono što vi ljudi ne razumete jeste da kazivanje o stvarima sirovo i grubo, kao što se dogodilo, doprinosi da izgledaju užasno čudne. Stvari o kojima Kejt priča, nisu od one vrste koje bi čovek izmislio da prikaže sebe časno; previše su apsurdne. Ipak, to je ona vrsta priča kojih bi se čovek latio ako je previše ispunjen duhom ludorije."

„Daleko od paradoksa", reče njegov brat, uz nešto nalik ruganju, „izgleda da ćeš da posegneš za novinarskim dosetkama. Veruješ li da je istina čudnija od fikcije?"

„Istina mora nužno da bude čudnija od fikcije" reče Bazil mirno. „Jer, fikcija jeste plod čovekovog uma, i stoga mu je srodna."

„Pa, istina tvog poručnika jeste, ako je uopšte istina, čudnija od ičega što sam ikada čuo", reče Rupert, ponovo padajući u lakomislenost. „Veruješ li, svojim duhom, u sve to s ajkulom i kamerom?"

„Verujem Kejtovim rečima", uzvrati drugi. „On je častan čovek."

„Voleo bih da se raspitam kod regimente o njegovim gazdaricama", reče Rupert cinično.

„Moram da primetim, mislim da teško možeš da ga smatraš besprekornim prosto po njemu samom", rekoh blago; „njegov način života..."

Pre nego što sam uspeo da dovršim rešenicu, vrata se naglo otvoriše i Dramond Kejt se ponovo pojavi na pragu, s belim panama šeširom na glavi.

„Kažem vam, Grante", reče on, otresajući pepeo svoje cigarete ispred vrata, „nemam nikakvog novca nigde na ovom svetu do sledećeg aprila. Možete li mi pozajmiti stotinu funti? Imam finog čovu."

Rupert i ja pogledasmo se u ironičnom muku. Bazil, koji je sedeo za svojim stolom, zaludno zavrti sedište stolice oko svoje ose i dohvati pero.

„Da stavim krst" upita, otvarajući čekovnu knjižicu.

„Dakle", poče Rupert, prilično upadljivo nervozan, „pošto je poručniku Kejtu bilo zgodno da iznese ovakav predlog Bazilu pred njegovom porodicom, ja..."

„Izvoli, Ružni", reče Bazil, mlatarajući čekom u pravcu sasvim nonšalantnog oficira. „Jesi li u žurbi?"

„Da", odgovori Kejt, prilično isprekidano. „U stvari biću to sada. Hoću da se vidim sa – eh – čovekom s kojim imam posla."

Rupert ga je posmatrao sarkastično, a ja sam mogao da vidim da mu je na vrh jezika bilo da kaže, ispitivački: 'Skupljača pokradenog blaga, možda.' Ono što je rekao bio je:

„Trgovca? To je previše uopšten opis, poručniče Kejt."

Kejt ga je posmatrao prodorno, i onda, prilično uzrujano rekao:

„On je, kako se ono zvaše, agent za nekretnine. Idem da se sastanem s njim."

„O, idete da se sastanete s agentom za nekretnine, zar ne?" reče Rupert Grant ljutito. „Znate, gospodine Kejt, mislim da bih zaista voleo da pođem s vama?"

Bazil se strese, iznenada prasnuvši u smeh. Poručnik Kejt namah se trgnuo; obrva mu se oštro nabrala.

„Molim", reče on. „Šta ste rekli?"

Rupertovo lice je, od surove ironije, menjalo izraz za izrazom, i on odvrati:

„Rekao sam da sam se pitao želite li da se prošetamo zajedno do tog agenta za nekretnine."

Posetilac zamahnu svojim štapom uz iznenadno naviranje snage.

„O, zaime Boga, pođite do mog agenta za nekretnine! Pođite do moje spavaće sobe. Zavirite ispod mog kreveta. Proučite moju kantu za đubre. Hajdemo!" I s energijom pobesnelog, koja nam oduze dah, on uz tresak izađe iz sobe.

Rupert Grant – njegove nemirne plave oči igrale su s njegovom detektivskom uzbuđenošću – ubrzo se progura pored njega, obraćajući mu se s takvom prozračnom odanošću za koju je umišljao da je dolična prerušenom policajcu u obraćanju prerušenom zločincu. Njegova interpretacija bila je, naravno, potkrepljena jednim posebnim detaljem, očiglednim nemirom, gnevom i nervozom čoveka uz koga je koračao. Bazil i ja tapkali smo iza njih, i nije nam bilo neophodno da jedan drugom damo znak da smo obojica primetili ovo.

Poručnik Dramond Kejt vodio nas je kroz zaista neobičan i neobećavajući komšiluk u potrazi za svojim izvanrednim agentom za nekretnine. Nijedan od braće Grant nije propustio da zapazi ovu činjenicu. Kako su ulice postajale tešnje i krivudavije a krovovi niži, i oluci neočišćeni od blata, sve veća radoznalost nicala je na Bazilovim obrvama, a Rupertova figura, gledana otpozadi, izgledala je kao da ispunjava ulicu neizmernim razmetanjem uspehom. Najzad, pri kraju četvrte ili pete bedne sive ulice u tom jalovom predelu, iznenada stigosmo do stanice, zagonetni poručnik još jednom je osmotri s nekakvim mrzovoljnim očajanjem. Iznad reda kapaka i vrata, svi do jednog neopisivo sumornih po izgledu, a po veličini više nego oskudnih čak i za prodavnicu igračaka, stajalo je ispisano: „P. Montmorensi, agent za nekretnine."

„Ovo je kancelarija o kojoj sam govorio", reče Kejt, odsečnim glasom. „Hoćete li da sačekate ovde za trenutak, ili vas vaša zapanjujuća briga o mom blagostanju slučajno tera da čujete sve što imam da kažem svom poslovnom savetniku?"

Rupertovo lice bilo je bledo i treslo se od uzbuđenja; ništa na svetu ne bi ga navelo da odbije njegovu molbu.

„Ako mi dopustite", reče on, kršeći ruke iza leđa, „mislim da bi trebalo da je opravdano da u..."

„O! Hajdemo zajedno unutra", eksplodirao je poručnik. On načini istovetni gest neobuzdane predaje. I on nahrupi u kancelariju, a mi ostali u stopu za njim.

P. Montmorensi, agent za nekretnine, usamljeni stari gospodin sedeo je iza ogoljene smeđe tezge. Imao je glavu poput jajeta, vilice kao u žabe, i sede vlasi kao oreol po donjem delu lica; sve kombinovano s crvenkastim, orlovskim nosem. Nosio je pohabani crni dugački kaput, s vrstom polu-duhovničke mašne vezane na veoma neproduhovljen način, i izgledao, uopšte govoreći, ni nalik onome čemu bi agent za nekretnine mogao da liči, manjkav u nečemu kao čovek-sendvič ili škotski gorštak.

Stajali smo unutar sobe čitavih četrdeset sekundi, a čudni stari gospodin nije nas ni pogledao. Ni mi, da kažem istinu, čudan kakav je bio, nismo gledali u njega. Naše oči bile su prikovane, isto kao i njegove, na nešto što je puzalo po tezgi ispred njega. Bila je to lasica.

Tišinu je prekinuo Rupert Grant. Govorio je tim umilnim i tvrdim glasom koji je čuvao za naročite prilike i satima uvežbavao u svojoj spavaćoj sobi. On reče:

„Gospodin Montmorensi, verujem?"

Stari gospodin se pokrenuo, podigao svoje oči s učtivom zbunjenošću, dohvatio lasicu za vrat, živu je strpao u džep od pantalona, nasmešio se izvinjavajući se, i rekao:

„Gospodine."

„Vi ste agent za nekretnine, nije li tako?" upita Rupert.

Na radost ovog istraživača zločina, oči gospodina Montmorensija, nemirno skrajnuše prema poručniku Kejtu, jedinom prisutnom koga je poznavao.

„Agent za nekretnine", uzviknu Rupert ponovo, izvlačeći reč kao da je to bila 'burleska'.

„Da... o, da", reče čovek, uz drhtav i gotovo koketni osmeh. „Ja sam agent za nekretnine... o, da."

„Pa, mislim", reče Rupert, uz pakosnu uglađenost, „da poručnik Kejt želi da razgovara s vama. Ušli smo na njegov zahtev."

Poručnik Kejt natmureno je gledao, a onda progovorio.

„Došao sam, gospodine Montmorensi, u vezi s onom mojom kućom."

„Da, gospodine", reče Montmorensi, šireći prste po tezgi. „Sve je spremno, gospodine. Pobrinuo sam se za sve vaše primedbe eh... oko br..."

„U redu", uzviknu Kejt, prekrativši reč iznenadnim bljeskom pucnja. „Ne treba da se zamaramo svim tim. Ako ste uradili kao što sam vam rekao, u redu."

I naglo se okrenuo ka vratima.

Gospodin Montmorensi, agent za nekretnine, predstavljao je sliku patnje. Pošto je zamuckivao nekoliko trenutaka, on reče: „Oprostite ... gospodine Kejt... ima još jedna stvar... za koju nisam bio sasvim siguran. Pokušao sam da, pod ovim okolnostima, obezbedim sve uređaje za zagrevanje... ali, u zimu... na toj visini..."

„Ne možete očekivati mnogo, eh?" reče poručnik, umešavši se s istim iznenadnim umećem. „Ne, naravno ne. U redu je, Montmorensi. Ne može biti drugih teškoća", i stavi svoju ruku na kvaku.

„Mislim", reče Rupert Grant, uz đavolsku umilnost, „da gospodin Montmorensi ima još nešto da vam kaže, poručniče.

„Samo", reče agent za nekretnine, u očajanju, „šta s pticama?"

„Molim", reče Rupert, potpuno bezizrazno.

„Šta s pticama?" reče agent za nekretnine istrajno.

Bazil, koji je tokom ovog dešavanja ostao u stanju napoleonske smirenosti, koja bi mogla tačnije da se opiše kao stanje napoleonske tupavosti, iznenada podiže svoju glavu nalik lavljoj.

„Pre nego što pođete, poručniče Kejt", reče on. „Haj'te sad. Zaista, šta s pticama?"

„Pobrinuću se za njih", reče poručnik Kejt, i dalje okrenut leđima; „neće patiti."

„Hvala vam, gospodine, hvala vam", uzviknu nedokučivi agent za nekretnine, s izvesnim prizvukom ekstaze. „Oprostite zbog moje zabrinutosti, gospodine. Znate da podivljam zbog divljih životinja. Oko toga podivljam kao bilo koja od njih. Hvala vam, gospodine. Ipak, ima još jedna stvar..."

Poručnik, leđima okrenut nama, prasnu neopisivim grohotom i mahnito se okrenu licem k nama. Bio je to smeh, čiji je smisao bio direktan i suštinski, a ipak ga čovek ne može tačno odrediti. Taman koliko usmeno nije kazivao ništa, ipak je govorio: „Pa, ako morate da pokvarite – morate. Ali, ne znate šta kvarite."

„Ima još jedna stvar", nastavi gospodin Montmorensi slabašno. „Svakako, ako ne želite da vas posećuju, ofarbaćete kuću u zeleno, ali..."

„Zeleno!" viknu Kejt. „Zeleno! Ili zeleno ili nikako. Ne želim kuću druge boje. Zeleno!" i pre nego što smo išta shvatili, vrata tresnuše između nas i ulice.

Rupertu Grantu izgleda da je trebalo neko vreme da se pribere; ali je progovorio pre nego što je eho vrata zamukao.

„Vaš klijent, poručnik Kejt, čini se da je poneštou zbuđen", reče. „Šta je to s njim? Nije mu dobro?"

„O, ne bih rekao", reče gospodin Montmorensi, nekako zbunjen. „Pregovori su bili pomalo teški... kuća je prilično..."

„Zeleno", reče Rupert staloženo. „Izgleda da je to veoma značajna tačka. Mora da bude upravo zelena.

Mogu li da vas upitam, gospodine Montmorensi, pre nego što se pridružim svojim prijateljima napolju, da li je, u vašem poslu, uobičajeno da tražite kuće po njihovoj boji? Da li se klijenti obraćaju agentu za nekretnine raspitujući se za ružičastu kuću ili plavu kuću? Ili, na primer, za zelenu kuću?"

„Jedino", reče Montmorensi, drhteći, „jedino da budu neupadljive."

Rupert je imao svoj nemilosrdan osmeh. „Možete li mi navesti neko mesto na svetu u kojem bi zelena kuća bila neupadljiva?"

Agent za nekretnine čeprkao je nervozno po svom džepu. Lagano izvukavši nekoliko guštera i pustivši ih da trče po tezgi, reče:

„Ne, ne mogu."

„Možete li dati neko objašnjenje?"

„Ne", reče gospodin Montomorensi, dižući se polako, a ipak na način kojim razrešava nenadanu situaciju: „Ne mogu. I, možete li, kao zauzetom čoveku, da mi oprostite ako vas upitam, gospodo, imate li kakav zahtev prema meni u vezi s mojim poslom. Kakvu kuću biste želeli da vam potražim, gospodine?"

On izbulji svoje tupave plave oči na Ruperta, koji je za trenutak izgledao uzdrman. Potom je povratio savršenu čistu svest, i uzvratio:

„Žao mi je gospodine Montmorensi. Očaranost vašim primedbama prekomerno nas je zadržala u nameri da se pridružimo našem prijatelju napolju. Molim, oprostite na mojoj očiglednoj drskosti."

„Nipošto, gospodine", reče agent za nekretnine, dokono vadeći južnoameričkog pauka iz džepa na prsluku i dopuštajući mu da se uspne uz kosinu stola. „Nipošto, gospodine. Nadam se da ćete me ponovo počastvovati."

Rupert Grant jurnu iz kancelarije u navali besa, žudeći da se suoči s poručnikom Kejtom. Ovaj beše otišao. Potmula, zvezdama osvetljena ulica beše opustela.

„Šta sad kažeš?" povika Rupert na svog brata. Njegov brat ništa ne reče.

Sva trojica koračali smo niz ulicu u tišini, Rupert grozničav, ja ošamućen, Bazil, po svemu sudeći, pretežno natmuren. Koračali smo duž sivih ulica, skretali na uglovima, prelazili preko trgova, jedva ikoga susrevši, sem slučajnih grupica od dva-tri pijanca.

U jednoj maloj ulici, pak, grupice od dvoje-troje iznenada počeše da se zgušnjavaju u društvance od petoro-šestoro, potom u velike grupe i onda u gomilu. Gomila se tek neznatno komešala. Ali, svako ko ima nekog znanja o nepreglednoj rulji, zna da ako se spoljnji rubovi gomile veoma lagano komešaju, to znači da je veliko uzbuđenje u srcu i jezgru gomile. Uskoro je postalo jasno da se nešto zaista važno dogodilo u centru ovog uzbuđenja. Krišom smo prokrčili sebi put napred, veštinom poznatom jedino varošanima, i najednom shvatismo prirodu ove nevolje. Bila je to tuča među nekih šestoro ljudi, a jedan od njih je, gotovo mrtav, ležao na pločniku. O ostaloj četvorici, sve što je bilo zanimljivo, kako smo uspeli da razumemo, zbrisala je jedna čudesna činjenica. Jedan od četvorice koji su preživeli ovu svirepu i verovatno fatalnu tuču bio je neporočni poručnik Kejt – njegovo odelo poderano na dronjke, oči u plamenu, na člancima krv. Jedna druga stvar, pak, isticala ga je u još gorem svetlu. Kratak mač, ili veoma dugačak nož, bio je isukan iz njegovog elegantnog štapa za šetnju, i ležao ispred njega na pločniku. Nije, pak, izgledalo da je krvav.

Policija se već probila u sredinu uz svoju nezgrapnu svemoć, i još dok su radili to, Rupert Grant požuri sa svojom nekontrolisanom i nepodnošljivom tajnom.

„Evo čoveka, pozorniče", uzviknu, pokazujući na prebijenog poručnika. „On je sumnjiv karakter. On je počinio ubistvo."

„Nije počinjeno ubistvo, gospodine", reče policajac, uz svoju automatsku učtivost. „Jadnik je samo povređen. Uzeću imena i adrese ljudi koji su se tukli i dobro ću pripaziti na njih."

„Dobro pripazite na ovog", reče Rupert, prebledelih usana, pokazujući na dronjavog Kejta.

„U redu, gospodine", reče policajac bezosećajno, i napravi krug od prisutnih, prikupljajući adrese. Kad je završio svoj zadatak, spustio se sumrak i većina ljudi koji nisu imali neposredne veze s istragom, već je otišlo. Ipak, zatekao je jednog neznanca žudnog lica kako se i dalje bavio slučajem. Bio je to Rupert Grant.

„Pozorniče", reče on. „Imam zaista naročit razlog da vam postavim pitanje. Hoćete li mi reći da li vam je taj prikan u uniformi, koji je u metežu isukao svoj mač, dao svoju adresu ili nije?"

„Da, gospodine", reče policajac, nakon kratkog razmišljanja; „da, dao mi je svoju adresu."

„Zovem se Rupert Grant", reče ova individua uz nekakvu pompu. „Pomagao sam policiji u više nego jednoj prilici. Pitam se, hoćete li mi, kao izraz posebne naklonosti, reći koja je adresa?"

Policajac ga je gledao.

„Da", reče smireno, „ako želite. Njegova adresa glasi: Brestovi, Bakstonova utrina, pokraj Parlija, Sarej."

„Hvala", reče Rupert, i potrča kući kroz mrkli mrak koliko ga noge nose, ponavljajući adresu u sebi.

Rupert Grant je obično na doručak silazio kasno, gotovo kao da je lord; dovijao se, ne znam na koji način, da uvek zauzme mesto razmaženog mlađeg brata. Sledećeg jutra, međutim, kada smo se Bazil i ja spustili, zatekli smo ga obučenog i kao da nije trenuo cele noći.

„Pa", obrati se on oštro svom bratu, čas pre nego što smo seli da doručkujemo. „Šta sad misliš o svom Dramondu Kejtu?"

„Šta mislim o njemu?" pitao se Bazil usporeno. „O njemu ne mislim ništa."

„Drago mi je da to čujem", reče Rupert, mažući puterom tost energijom koja je bila unekoliko likujuća. „Mislio sam da ćeš preći na moje stanovište, ali priznajem da sam se prepao od tvog, ne shvatajući od početka. Čovek je providni lažov i podlac."

„Mislim", reče Bazil, podjednako monotono kao i malopre, „da nisam bio jasan. Kada sam rekao da o njemu ne mislim ništa, mislio sam tačno ono što sam rekao. Mislio sam da o njemu ne razmišljam; da ne obuzima moj um. Ti mi, pak, izgledaš kao da mnogo razmišljaš o njemu, budući da ga smatraš podlacem. Mogu da kažem da je bio upadljivo dobar."

„Ponekad mislim da govoriš paradoksalno radi sopstvene koristi", reče Rupert, razbijajući jaje s nepotrebnom žestinom. „Kakav je, do đavola, smisao toga? Imamo čoveka čija je istinska pozicija, prema našoj zajedničkoj saglasnosti, bila neizvesna. On je lutalica, pripovedač čudesnih priča, čovek koji ne skriva svoju upućenost u najcrnje i najkrvavije prizore na svetu. Upali smo u nevolju da bismo ga pratili na jednom od njegovih sastanaka, i ako su ikada dva ljudska bića zajedno kovali zaveru i lagali sve oko sebe, onda su on i taj nemogući agent za nekretnine radili to. Pratili smo ga do kuće, i iste te noći on je usred fatalne, ili skoro fatalne tuče, u kojoj je on jedini povređeni. Zaista, ako je to bilo upadljivo dobro, moram da priznam da me taj sjaj ne zaslepljuje."

Bazil je bio potpuno ravnodušan. „Priznajem da njegova moralna veličina jeste od naročite vrste, staromodne, verovatno nemarne. Zaista je privrženik promene i eksperimenta. Ali sve to što si tako dovitljivo uperio protiv njega jeste puka koincidencija ili naročiti dokaz. Istina je da nije želeo da pred nama govori o svojim poslovima oko kuće. Niko ne bi. Istina je da je nosio mač skriven u štapu. Svako to može. Istina je da ga je izvukao u šoku od ulične borbe. Svako bi. Ali, nema ničeg sumnjivog u svemu tome. Nema ničeg što bi potvrdilo..."

Dok je govorio neko je pokucao na vrata.

„Ako dozvoljavate, gospodine", reče gazdarica, pomalo uzbuđena, „policajac bi hteo vas vidi."

„Uvedite ga", reče Bazil, dok smo mi zanemeli.

Krupan, naočit pozornik koji se pojavio na vratima, prozborio je gotovo istog trenutka.

„Mislim da je jedan od vas, gospodo", reče on, odsečno, ali s poštovanjem, „bio prisutan kod dešavanja u Kuper stritu prošle noći, i neobično mi skrenuo pažnju na određenog čoveka."

Rupert se dopola podiže iz svoje fotelje, očiju poput dijamanata, ali pozornik nastavi smireno, tražeći po beležnici.

„Mlad čovek sede kose. Imao svetlosivo odelo, veoma dobro, ali poderano u tuči. Prijavio se pod imenom Dramond Kejt."

„Ovo je zabavno", reče Bazil smešeći se. „Upravo sam bio u postupku razjašnjavanja karaktera tog sirotog oficira ili bolje rečeno izmišljenih kleveta. Šta je s njim?"

„Pa, gospodine", reče pozornik, „uzeo sam adrese svih ljudi i motrio na njih. Nije bilo ozbiljne potrebe učiniti više od toga. Sve druge adrese su ispravne. Ali, taj čovek, Kejt, dao je lažnu adresu. Mesto ne postoji."

Sto za doručkovanje gotovo da je poleteo kako je Rupert poskočio, pljesnuvši se po butinama.

„Dakle, po svemu – dobro je", povika. „Ovo je znak s neba."

„Zaista je veoma neobično", reče Bazil tiho, nabranih obrva. „Čudno je da je dečko dao lažnu adresu, budući da je savršeno nevin u..."

„O, ti divni stari ranohrišćanski falsifikatoru", povika Rupert, u nekakvom zanosu, „ne čudi me da nisi uspeo da budeš sudija. Svakog smatraš dobrim poput samog sebe. Zar nije stvar jasna sada? Sumnjivi poznanik; mangupske priče, više nego sumnjivi razgovori, zlokobne ulice, skriveni nož, čovek gotovo ubijen i, konačno, lažna adresa. To je ono što zovemo upadljivom dobrotom."

„Zaista je veoma neobično", ponovi Bazil. I on se ćudljivo šetkao po sobi. Onda reče: „Potpuno ste sigurni, pozorniče, da nije greška? Imali ste pravu adresu, i policija je zaista otišla tamo i shvatila da je bila lažna?"

„Veoma je prosto, gospodine", reče policajac, prigušeno se smešeći. „Mesto koje je naveo je veoma dobro poznata utrina odmah pored Londona, i naši ljudi bili su dole jutros, pre nego što se iko od vas probudio. A tamo nema takve kuće. U stvari, jedva da uopšte ima kuća. Iako je veoma blizu Londona, to je prava pustara s jedva tri drveta, o krštenim dušama da i ne govorim. O, ne, gospodine, adresa je sasvim lažna. Pametan je to nitkov, i izabrao je jedno od onih kutaka neistražene Engleske o kojima ljudi ne znaju ništa. Niko ne bi mogao na brzu ruku da kaže da tamo nije bilo kakvih kuća razbacanih po pustari. Ali, u stvari, nema ih."

Bazilovo lice, tokom ovog razboritog govora mrštilo se sve više i više uz nekakvu očajničku oštroumnost. Bio je nateran u ćošak po prvi put otkad ga poznajem; i istinu govoreći, više sam se čudio gotovo detinjoj tvrdoglavosti koja ga je držala tako blizu njegovog prvobitnog suda u korist neobuzdanog sumnjivog poručnika. Najzad, on reče:

„Zaista ste pretražili utrinu? I adresa je bila zaista nepoznata u kraju – usput, kako je glasila adresa?"

Pozornik izdvoji jedan od svojih papirića i osmotri ga, ali pre nego što je uspo da progovori, Rupert Grant, koji je bio oslonjen na prozor u savršenom stavu smirenog i pobedničkog detektiva, upade oštrim i uglađenim glasom koji je tako voleo da koristi.

„Zašto, to ti ja mogu reći, Bazile", reče graciozno dok je zaludno otkidao lišće s biljke u prozoru. „Postarao sam se da prošle noći pribavim njegovu adresu od pozornika."

„I kako je glasila?" upita njegov brat osorno.

„Pozornik će me ispraviti ako grešim", reče Rupert, ljupko gledajući u tavanicu. „Glasila je: Brestovi, Bakstonova utrina, pokraj Parlija, Sarej."

„Tačno, gospodine", reče policajac, smešeći se i presavijajući svoj papir.

Nastala je tišina, a Bazilove plave oči zurile su bezizrazno nekoliko sekundi u prazno. Tada se glavom zavali natrag u fotelju tako naglo da sam se trgnuo, misleći da mu je pozlilo. Ali, pre nego što sam uspeo da se mrdnem, njegove usne se razleteše (ne mogu da upotrebim drugačiji izraz) i prasak neizmernog smeha navali i prodrma tavanicu – smeh koji je sustizao smeh, smeh koji se pojačavao, smeh koji je bio neizlečiv, smeh koji nije prestajao.

Čitava dva minuta kasnije i dalje se nije zaustavio; Bazil je oboleo od smeha; ali se i dalje smejao. Za to vreme, mi ostali gotovo smo se razboleli od užasa.

„Oprostite", reče poremećena kreatura, najzad došavši sebi. „Strašno mi je žao. Užasno je neljudno. A i glupo, takođe. I takođe, nepraktično, jer nemamo mnogo vremena za gubljenje ako hoćemo da stignemo do tog mesta. Voz je vraški rđav, kako sam uspeo da saznam. Neuporediv je kod tako male razdaljine."

„Da stignemo do tog mesta?", ponovih tupo. „Da stignemo do kog mesta?"

„Zaboravio sam mu ime", reče Bazil neodređeno, stavljajući ruke u džepove dok je ustajao. „Nekakva utrina kraj Parlija. Ima li neko red vožnje?"

„Ne misliš valjda ozbiljno", povika Rupert, koji je zurio nekako zbunjen emocijama. „Ne misliš valjda da hoćeš da ideš u Bakstonovu utrinu? Ne možeš to da pomisliš!"

„Zašto ne bih išao u Bakstonovu utrinu?" upita Bazil, smešeći se.

„Zašto bi?" reče njegov brat, opet ne dajući mira biljci u prozoru i zureći u govornika.

„Da nađemo našeg prijatelja, poručnika, razume se", reče Bazil Grant. „Mislio sam da želite da ga pronađemo?"

Rupert divljački odlomi granu s biljke i istog časa je zavitla na pod. „A kako bismo ga pronašli", reče. „Ti predlažeš izvanrednu pogodnost odlaska na jedino mesto na nastanjivoj planeti gde znamo da ne može biti."

Pozornik i ja nismo mogli da izbegnemo da prasnemo u neku vrstu odobravajućeg smeha, a Rupert, koji je posedovao porodičnu elokvenciju, ohrabrio se da nastavi s istom gestikulacijom:

„Možda je u Bakingemskoj palati; možda je opkoračio krst katedrale Svetog Pavla; možda je u zatvoru (što je, mislim, najverovatnije); možda je na Velikom točku; možda je u mom špajzu; možda je u kredencu vaše radnje; ali od svih nebrojenih mesta na svetu, samo je jedno na kojem je sistematski tražen i gde znamo da neće biti pronađen – a to je, ako te ispravno shvatam, tamo kuda želiš da pođemo."

„Upravo tako", reče Bazil spokojno, navlačeći svoj zimski kaput; „Pomislio sam da ćete možda poželeti da mi se pridružite. Ako ne, naravno, provedite se ovde dok se ne vratim."

U našoj je prirodi da uvek sledimo stvari koje iščezavaju i cenimo ih ako zaista pokažu rešenost da odu. Svi krenusmo za Bazilom, i ne mogu da kažem zbog čega, tek, on je bio stvar koja iščezava, a iščeznu odlučno sa svojim zimskim kaputom i štapom. Rupert istrča za njim uz znatan nalet racionalnog.

„Dobri moj čoveče", uzviknu on, „da li zaista misliš da ima nečeg dobrog u odlasku u to smešno šipražje – gde nema ničeg sem ugaženih tragova i nešto izuvijanog drveća – jednostavno stoga što je to bilo prvo mesto koje je nasrtljivom poručniku došlo u glavu kad je poželeo da pruži lažno obaveštenje u neprilici?"

„Da", reče Bazil, vadeći svoj sat, „a ono što je gore, zakasnili smo na voz."

Zaustavio se na trenutak i potom dodao: „U stvari, mislim da slobodno možemo da pođemo dole kasnije tokom dana. Treba da ispišem nešto, a mislim da si ti, Ruperte, rekao da razmišljaš da pođeš do Dalvič galerije. Baš sam prenaglio. Veoma verovatno da neće biti tamo. Ali, ako krenemo onim u 5.15, koji stiže u Parli oko 6, očekujem da ćemo ga uhvatiti."

„Uhvatiti!" uskliknu njegov brat, u nekakvom krajnjem besu. „Voleo bih da možemo. Gde ćemo ga, kod đavola, sada uhvatiti?"

„Stalno zaboravljam ime te pustare", reče Bazil, dok je zakopčavao kaput. „Brestovi... je l' tako? Bakstonova utrina, kraj Parlija. Eto gde ćemo ga naći."

„Ali, takvo mesto ne postoji", prostenja Rupert; ipak, sledio je svog brata niz stepenice.

Svi smo ga sledili. Dograbili smo svoje kape sa stalka za kape i svoje štapove iz stalka za kišobrane; a zašto smo ga sledili nismo znali, a ne znamo ni sada. Ali, uvek smo ga sledili, na šta god ukazivale činjenice, ma kakva da je bila priroda njegove prevlasti. I čudno je bilo da što god smo ga bespogovornije sledili, sve besmislenije su izgledale stvari koje je govorio. Najzad, verujem, ako bi ustao od doručka i rekao: „Krećem da pronađem Sveto prase i deset bajki", mi bismo ga sledili do na kraj sveta.

Ne znam da li je ovo moje zagonetno predosećanje o Bazilu u ovoj prilici bilo u vezi s nekakvim tamnim i tmurnim tonom, da tako kažem, čudnog putovanja koje smo preduzeli iste večeri. Već se spustio prilično neprozrian sumrak kad smo se od Parlija spustili na jug. Predgrađa i predeli na obodu Londona mogu da budu, u većini slučajeva, obična i prijatna. Ali, ako su, nekakvom slučajnošću, zaista pusta, ona su ljudskom duhu utučenija i nečovečnija od bilo koje jorkširske pustopoljine ili škotskih brda, jer u naglosti kojom prolaznik upada u taj muk, ima nečeg od zla vilinskog carstva. Izgleda da je to bilo jedno od odrpanih predrgrađa vasione, dopola zaboravljenih od Boga – takvo je mesto bila Bakstonova utrina, pored Parlija.

Postojala je, izvesno, crta uzaludnog sivila u samom pejsažu. Ali, ona je neverovatno narasla pod uticajem uzaludnog sivila u našoj ekspediciji. Predeo pod tmurnim busenjem izgledao je beskorisno, drveće pod povremenim naletima vetra izgledalo je beskorisno, a mi, ljudska bića, beskorisniji od beznadežnog busenja ili jalovog drveća. Bili smo manijaci srodni tom jadnom pejsažu, jer smo došli da lovimo divlju gusku koja je namamila ljude i od početka ih ostavila u močvarama. Bili smo tri ošamućena čoveka pod vođstvom ludaka, u potrazi za čovekom za koga smo znali da nije tamo u kući koja i ne postoji. Izgledalo je kao da modar suton s nekakvim bolešljivim smeškom zuri u nas pre nego što mine.

Bazil je išao pred nama s otkopčanom kragnom, gledajući u mrak poput nekog groteksnog Napoleona. Prelazili smo jedan brežuljak za drugim, vetrovite utrine po nastupajućoj tmini i beskonačnoj tišini. Iznenada Bazil zastade i okrenu se nama, s rukama u džepovima. Kroz sumrak jedva sam mogao da raspoznam da je imao širok osmeh kao od golemog uspeha.

„Dakle", uzviknu on, vadeći svoje krupne šake iz džepova i pljeskajući, „tu smo napokon."

Vetar je tužno fijukao preko nenastanjene pustare; dva usamljena bresta njihala su se na nebu iznad nas kao bezobličn sivi oblaci. Nije bilo ni traga od čoveka ili zverke na sumornom horizontu, a usred te divljine stajao je Bazil Grant trljajući ruke kako kakav gostioničar kraj otvorenih vrata.

„Kako je ovo divno", uzviknu on, „vratiti se civilizaciji. Taj utisak da civilizacija nije poetična jeste učtiva obmana. Čekaj da se zaista izgubiš u prirodi, u vraškim šumama i među okrutnim cvetovima. Onda ćeš spoznati da nema zvezde poput čovekove crvene zvezde kojom obasjava svoje ognjište, nema crvene reke poput čovekove crvene reke, dobrog crvenog vina, koje bi vi, gospodine Ruperte Grant, ako vas iole poznajem, ispili za dva-tri minuta u ogromnim količinama."

Rupert i ja izmenjasmo prestrašene poglede. Bazil nastavi srčano, dok je vetar iščezavao u tmurnom drveću.

„Shvatićete da je naš domaćin mnogo jednostavnija vrsta druškana u sopstvenoj kući. Ja jesam, kada sam ga posetio dok je živeo u brvnari u Jarmutu, i ponovo u potkrovlju u gradskom skladištu. Zaista je veoma dobar drug. Ipak, njegova najveća vrlina ostaje kao što sam prvobitno rekao."

„Na šta misliš?" upitah, shvatajući da njegove reči zastranjuju izvan razuma. „Koja je njegova najveća vrlina?"

„Njegova najveća vrlina", uzvrati Bazil, „jeste to što istinu uvek kazuje doslovno."

„Pa, zaista", povika Rupert, trupkajući nogom čas ravnodušno čas besno, i šljiskajući poput kočijaša, „ne izgleda da je bio veoma doslovan ili istinoljubiv u ovom slučaju, a nisi ni ti. Kog đavola si nas, ako mogu da upitam, doveo na ovo pakleno mesto?"

„Priznajem, bio je previše istinoljubiv", reče Bazil, naslanjajući se na drvo; „previše tačan, previše precizan. Mora da se prepustio nešto sugestivnijoj i zakonitijoj romansi. Ali hajdemo, vreme je da uđemo. Zakasnićemo na večeru."

Rupert mi šapnu bledog lica:

„Ovo je halucinacija, šta misliš? Zar zaista umišlja da vidi kuću?"

„Pretpostavljam", rekoh. Potom dodah glasno, glasom koji je trebalo da označi razdraganost i razboritost, ali koji je u mojim ušima zvučao čudno, gotovo kao vetar:

„De, de, Bazile, dragi moj. Kuda želiš da pođemo?"

„Pa, ovde gore", povika Bazil, i uz skok i okret našao nam se nad glavama, verući se uz svikasto stablo divovskog drveta.

„Penjite se, svi do jednog" vikao je đačkim glasom iz mraka. „Penjite se. Zakasnićete na večeru."

Dva ogromna bresta stajala su tako blizu, da između njih jedva da je negde bio jard, a na nekim mestima ne više od stope. Tako, nasumične grane i čak ispupčenja i deblo oblikovali su niz uporišta koja su se dizala gotovo kao primitivne prirodne merdevine. Mora da su predstavljali, pretpostavljao sam, neku igru napredovanja, sijamske blizance vegetacije.

Zbog čega smo radili ovo, ne mogu da shvatim; verovatno se, kao što sam rekao, misterija divljine i tame probudila i nešto potpuno zagonetno u Bazilovoj nadmoći učinila glavnim. Ipak, osećali smo jedino da je tu bilo gigantsko stepenište koje nekuda vodi, verovatno do zvezda; i pobednički glas dozivao nas je s nebesa. Penjali smo se za njim.

Na pola puta do gore, neki hladan jezičak noćnog vazduha iznenada me obuzeo i otreznio. Hipnoza tog ludog čoveka iznad mene napustila me i video sam čitavu mapu naše blesave akcije jasno kao da je odštampana. Video sam tri civilizovana čoveka u crnim kaputima koji su počeli savršeno razumnim podozrenjem u sumjivog avanturistu, a završili, Bog zna kako, nasred jednog golog drveta u pustopoljini, daleko od tog avanturiste i njegovih rabota, tog avanturiste koji nam se u tom času, po svoj verovatnoći, smejao u nekom jeftinom restoranu u Sohou. Imao je puno razloga da nam se smeje, i bez sumnje smejao se što je glasnije mogao; ali, kad sam pomislio kakav bi njegov smeh bio da je znao gde smo bili u tom trenutku, umalo da pustim drvo i padnem.

„Svinberne", iznenada reče Rupert odozgo, „šta ovo radimo? Siđimo", i čisto po njegovom glasu znao sam da je on takođe osetio šok od vraćanja u stvarnost.

„Ne možemo da ostavimo sirotog Bazila", rekoh. „Možeš li da ga dozoveš ili da ga uhvatiš za nogu?"

„Suviše je visoko", odgovori Rupert. „Gotovo je na vrhu ove grozote. Traga za poručnikom Kejtom u gnezdu neke vrane, pretpostavljam."

U tom času odmakli smo na našem pomamnom vertikalnom putovanju. Moćna stabla počela su da se lagano njišu i zanose na vetru. Tada sam pogledao dole i video nešto po čemu sam osećao da smo daleko od sveta u smislu i stepenu koji ne mogu s lakoćom da opišem. Video sam da se gotovo prave linije visokih brestovih stabala postepeno smanjuju u perspektivi kako padaju. Navikao sam da gledam kako se paralelne linije smanjuju u pravcu neba. Ali, da ih vidim kako se smanjuju u pravcu zemlje, dovelo me da se osećam izgubljenim u svemiru, poput zvezde padalice.

„Može li se išta učiniti da se Bazil zaustavi?" povikao sam.

„Ne", odgovori moj saputnik u penjanju. „Suviše je visoko. Mora da se popne do vrha, i kada ne pronađe ništa sem vetra i lišća, može opet da poludi. Slušaj ga gore; možeš da ga čuješ kako govori sam sa sobom."

„Možda govori nama", rekoh.

„Ne", reče Rupert, „vikao bi. Nikad ranije nisam primetio da govori sam sa sobom. Bojim se da mu je zaista loše večeras; to je poznati znak oštećenja mozga."

„Da", rekao sam tužno i osluškivao. Bazilov glas zasigurno se čuo iznad nas, ali bez sumnje, ne u onako gromkom i buntovnom tonu kakvim nas je dovikivao malopre. Govorio je tiho, i smejao se s vremena na vreme, tamo gore među lišćem i zvezdama.

Nakon što se tišina pomešala s tim žamorom, Rupert Grant iznenada reče žestokim glasom: „Moj Bože!"

„O čemu se radi – jesi li povređen?", povikah uznemireno.

„Ne. Slušaj Bazila", reče ovaj veoma čudnim glasom. „Ne priča sam sa sobom."

„Onda govori nama", uskliknuh.

„Ne", reče Rupert jednostavno, „priča s nekim drugim."

Ogromne grane tog bresta prepune lišća njihale su se nad nama pod iznenadnim naletom vetra, ali kad se smirio, i dalje sam odozgo mogao da čujem glasove u razgovoru. Mogao sam da čujem dva glasa.

Odjednom s visine dopre Bazilov bučan dozivajući glas kao i malopre: „Penjite se, prijatelji. Evo poručnika Kejta."

I sekund kasnije začu se polu-američki glas koji smo toliko puta slušali u našem domu. Pozivao je:

„Raduje me da vas vidim, gospodo; molim vas uđite."

Iz jazbine u nekakvoj nepojmljivo mračnoj stvari u obliku jajeta, koja je visila na grani poput osinjaka, izbočilo se poručnikovo bledo lice i njegovi neobuzdani brkovi, njegovi zubi blistali su na taj tamani južnjački način koji mu je pristajao.

Ovako ili onako, ošamućeni i bez reči, jedva smo se uspeli kroz otvor. Upali smo u potpuno blještavilo lampica, jastučića, majušne sobe s kružnim zidom oivičenim knjigama, kružnim stolom i kružnim sedištima oko njega. Za tim stolom sedelo je troje ljudi. Jedan je bio Bazil, koji je, u času kad se smestio, poprimio nekakav stav mramornog spokoja kao da je tu bio od dečaštva; pušio je cigaru, lagano uživajući. Drugi je bio poručnik Dramond Kejt, koji je takođe izgledao srećno, ali grozničav i sumnjičav u poređenju sa svojim granitnim gostom. Treći je bio omaleni ćelavi agent za nekretnine neobuzdanih brkova, koji je sebe nazivao Montmorensi. Koplja, zeleni kišobran, i konjički mač visili su paralelno na zidu. Zaprečaćeni ćup s čudesnim vinom bio je na obodu kamina, ogromna puška u uglu. Na sredini stola bio je magnum[1] šampanjca. Čaše su već bile postavljene za nas.

Noćni vetar romorio je kraj nas, poput okeana u podnožju svetionika. Soba se blago njihala, kao čun na mirnom moru.

Čaše su nam bile pune, a mi smo i dalje sedeli tamo ošamućeni i nemi. Onda Bazil progovori.

„I dalje si pomalo sumnjičav, Ruperte. Sigurno nema više sumnje u prostodušno istinoljublje našeg ozleđenog domaćina."

„Ne razumem baš sve ovo", reče Rupert, još trepćući u iznenadnom blesku. „Poručnik Kejt rekao je da je njegova adresa bila..."

„Sasvim je tako, gospodine", reče Kejt, uz široki osmeh. „Policajac me pitao gde živim. A ja rekoh, sasvim iskreno, da živim u brestovima u Bakstonovoj utrini, pored Parlija. Pa i živim. Ovaj dragi čovek, gospodin Montmorensi, koga ste, mislim, sreli pre ne-

---

[1] Boca koja zahvata nešto više od dva litra i četvrt (uglavnom šampanjca). – *Prim. prev.*

kog vremena, jeste agent za kuće ovakve vrste. Ima specijalnu liniju vila na drveću. Držane su prilično po strani do sada, jer ljudi koji žele ovakve kuće ne žele da postanu previše uobičajene. Malo je neobično da se čovek poput mene, koji se provodio po svakakvim uvrnutim ćumezima Londona, skrasi na potpuno suprotan način."

„Jeste li vi zaista agent za viseće vile?" upita Rupert žudno, vraćajući se svom spokoju s romansom prirode.

Gospodin Montmorensi, u svojoj zbunjenosti, čeprkao je po jednom od svojih džepova i nervozno izvadio zmiju, koja otpuza po stolu.

„P-pa, da, gospodine", reče on. „Činjenica je – eh – da je moja porodica veoma želela da uđem u posao s nekretninama. Ali, lično nikada nisam mario ni za šta drugo sem za istoriju prirode i botaniku i slične stvari. Moji siroti roditelji su počivši, sad već nekoliko godina, ali... prirodno, hteo sam da ispoštujem njihove želje. I nekako sam pomislio da je agencija za viseće vile vrsta... kompromisa između toga da budem botaničar i agent za nekretnine."

Rupert nije mogao a da se ne nasmeje. „Imate li mnogo mušterija?" upita.

„N-ne mnogo", odgovori gospodin Montmorensi, i tada baci pogled na Kejta, koji je (uveren sam) bio jedini njegov klijent. „Ali to što imam... vrlo je probrano."

„Dragi moji prijatelji", reče Bazil, pućkajući svoju cigaru, „uvek imajte na umu dve činjenice. Prva je da kad nagađate o nekome ko je razuman, najrazumnija stvar je i najverovatnija; kad nagađate o nekome ko je, poput našeg domaćina, šašav, najšašavija stvar je i najverovatnija. Druga je da zapamtite da veoma jasne, bukvalne činjenice uvek izgledaju neverovatne. Da je Kejt uzeo malu ciglenu kutiju od kuće u Klepemu, ni sa čim osim ograde i iznad nje istakao natpis „Brestovi", ne biste pomislili da ima ičeg neverovatnog u vezi s tim. Jednostavno, zbog toga što bi to bila masna, razmetljiva laž – vi biste poverovali u nju."

„Pijte vino, gospodo", reče Kejt, smešeći se, „jer će ga ovaj vraški vetar isprevrtati."

Pili smo, i za to vreme, iako se viseća kuća, po savršenom mehanizmu tek neznatno njihala, znali smo da se ogromna krošnja brestovog drveta njihala na nebu kao presamićeni čičak.

Poglavlje 5

# NEOBIČNO PONAŠANJE PROFESORA ČADA

Bazil Grant je, osim mene, imao tek nekoliko prijatelja; ipak, bio je suprotnost nedruštvenom čoveku. Pričao bi s bilo kim bilo gde, a govorio je ne samo izvrsno, već sa savršeno iskrenim interesovanjem i entuzijazmom za stvari dotične osobe. Obišao je svet, kao da je uvek bio na krovu nekog omnibusa ili čekao tramvaj. Većina ovih slučajnih poznanika, razume se, iščezlo je iz njegovog života u mrak. A nekoliko njih tu i tamo upecali su ga, da tako kažem, i postali njegovi doživotni prisni prijatelji. Ipak, postojalo je jedno slučajno gledište o svima njima kao da su bili opalo voće, slučajno uzeti uzorci, blago ispalo iz teretnjaka ili darovi izvučeni na dečjoj lutriji. Jedan bi bio, da kažemo, veterinar-hirurg, po spoljašnjosti – džokej; drugi, odmereni sveštenik bele brade i nejasnih stavova; još jedan, mladi kapetan u Lankersu, po izgledu sasvim kao i drugi kapetani u Lankersu; opet drugi, oniži zubar iz Fulama, po svoj razumnoj sigurnosti tačno poput svakog drugog zubara iz Fulama. Major Braun, nizak, suv i okretan, bio je jedan od njih; Bazil se upoznao s njim prilikom rasprave oko šešira u hotelskoj garderobi, rasprave koja je malog majora svela gotovo na meru mišićavog histerika, smeše sebičnosti starog neženje i preterane obazrivosti neke stare sluškinje. Onda su se kočijom zajedno odvezli kući i od tada večeravali jedan s drugim dva puta nedeljno, do kraja života. Drugi sam bio ja. Granta sam upoznao, još dok je bio sudija, na balkonu Narodnog kluba liberala, i izmenio s njim nekoliko reči o vremenu. Potom smo razgovarali oko sat vremena o politici i Bogu; jer ljudi uvek o najvažnijim stvarima razgovaraju s potpuno nepoznatima. To je stoga što u potpuno nepoznatom opažamo čoveka; lik Božji nije skriven sličnostima s nekakvim ujakom ili sumnjom u razboritost brkova.

Jedan od najzanimljivijih iz Bazilove raznovrsne grupe poznanika bio je profesor Čad. Bio je poznat u svetu etnologije (koji je veoma zanimljiv, ali odavno odsečen od našeg sveta) kao drugi najveći, ako ne i najveći, autoritet za veze divljaka s jezikom. U kraju oko Ulice Hart, u Blumsberiju, znali su ga kao čoveka s bradom i ćelavom glavom, sažaljive pojave i strpljivog lica, lica neodgovornog nekomformiste koji je zaboravio kako da bude ljut. Špartao je tamo-amo između Britanskog muzeja i nekoliko izabranih besprekornih prodavnica čaja, s rukama punim knjiga i pohabanim, ali ispravnim kišobranom. Nikada nije viđen bez knjiga i kišobrana, i pretpostavljalo se (prema prosvećenoj oštroumnosti Odeljenja za persijske rukopise) da ide u krevet s njima, unutar svoje vile od opeka u okolini Šepards Buša. Tu je živeo s tri sestre, dame vrsne dobrote, ali rđavog vladanja. Život mu je bio srećan, kao i kod gotovo svih metodičnih proučavalaca, ali čovek to ne bi mogao da nazove veseljem. Jedini njegovi časovi veselja odigravali su se kada bi njegov prijatelj, Bazil Grant, kasno uveče unosio u kuću – uragan od razgovora.

Bazil, premda blizu šezdesete, imao je raspoloženja bučne detinjatosti, i ona su ga, iz jednog ili drugog razloga, hvatala naročito u kući njegovog marljivog i gotovo brljivog prijatelja. Veoma živo mogu da se setim (jer sam obojicu poznavao i često večerao s njima) Grantovog dobrog raspoloženja posebno te večeri, kada je neobična nesreća nasrnula na profesora. Profesor Čad bio je, kao i većina iz njegove klase (koja je ujedno i akademska i srednja klasa), radikal dostojanstvenog i starovremenog tipa. Grant je takođe bio radikal, međutim, on je bio onaj istaknutiji i ne baš redak tip radikala koji je većinu svog vremena proveo u zlostavljanju Radikalne partije. Profesor Čad tek što je nekom časopisu priložio tekst pod naslovom „Interesi Zulua i granica Novog Makanga", u kojem je precizan naučni izveštaj iz njegove studije o običajima naroda T'Čaka osnažen oštrim protestima protiv izvesnih ometanja ovih običaja i od strane Britanaca i od strane Nemaca. Sedeo je sa časopisom ispred sebe, svetlost lampe osvetljavala je njegovu sažaljivu pojavu, čelo naborano, ne od gneva, već od zbunjenosti, dok je Bazil Grant koračao gore-dole po sobi, tresući je svojim glasom, žustro i odsečnim korakom.

„Nije tvoje mišljenje ono čemu ja prigovaram, dragi moj Čade", govorio je, „to si ti. Imaš sva prava da se boriš za Zulu, sem sveg onog što ti se ne dopada kod njih. Bez sumnje, poznaješ način na koji Zulu kuvaju paradajz i kako se mole pre nego što obrišu nos; ali zbog toga što ih ne razumeš tako dobro kao što ih ja razumem, ja koji ne razlikujem asegai[1] od krokodila. Ti si obrazovaniji, Čade, ali ja sam više Zulu. Zbog čega se dešava da se za drage stare varvare ove planete, uvek zauzimaju ljudi koji su njihova suprotnost? Zbog čega? Ti si mudar, ti si dobronameran, ti si dobro obavešten, ali, Čade, ti nisi divljak.

---

[1] Lako koplje, naročito ono s kratkom drškom i dugačkim sečivom, namenjeno za blisku borbu, u upotrebi kod naroda Bantu u južnoj Africi. – *Prim. prev.*

Nemoj da živiš više u toj ružičastoj iluziji. Pogledaj se u ogledalo. Pitaj svoje sestre. Posavetuj se s bibliotekarom u Britanskom muzeju. Pogledaj ovaj kišobran." I on podiže tu jadnu, ali ipak još uvaženu stvar. „Pogledaj ga. Za deset ljudskih godina, prema mom pouzdanom saznanju, nosiš ovu stvar pod miškom, i uopšte ne sumnjam da ga nosiš još od kada si imao osam meseci, i nikada ti se nije desilo da divljački krikneš i hitneš ga poput koplja... ovako..."

I on se otarasi kišobrana koji prošišta iznad profesorove ćelave glave, tako da uz tresak udari po gomili knjiga i zanjiha vazu.

„Tvoji mentalni procesi", reče on, „uvek se odvijaju pomalo prebrzo. I oblikuju se bez metoda. Nema ni reči o nedoslednosti"... i reči ne mogu da dočaraju vreme koje je potrošio da izgovori celu reč... „u procenjivanju prava aboridžina da se drže svog stepena razvoja u procesu evolucije, dokle god ga oni smatrali podesnim i imali potrebe za njim. Nema, kažem, nedoslednosti između ovog ustupka koji sam ti upravo opisao i gledišta da je evolutivni razvitak, ipak, daleko od toga da bismo mogli da oblikujemo bilo kakve ocene o vrednostima u raznolikim kosmičkim procesima, u nekom stepenu odredivim kao nekakav niži evolutivni razvitak."

Ništa sem njegovih usana nije se micalo dok je govorio, a njegove naočare i dalje su sijale kao dva bleda Meseca.

Grant se uz smeh tresao dok ga je gledao.

„Istina", reče on, „nema nedoslednosti, moj sine od crvenog koplja. Ali, ima mnogo nepomirljivosti u naravi. Veoma sam daleko od toga da budem siguran da je Zulu niži stupanj evolucije, ma kakvi belezi o tome svedočili. Ne mislim da ima ičeg glupog ili neukog u urlanju na Mesec ili plašiti se đavola u mraku.

Izgleda mi savršeno filozofski. Zašto bi čoveka smatrali nekakvim idiotom zbog toga što i sam oseća misteriju ili opasnost postojanja? Pretpostavimo, dragi moj Čade, pretpostavimo da smo mi oni koji su idioti jer se ne plašimo đavola u mraku?"

Profesor Čad raseče nožem za papir stranicu iz časopisa s napregnutom pažnjom bibliofila.

„Van svake sumnje", reče, „to je logična hipoteza. Mislio sam na hipotezu za koju shvatam da te zabavlja, da naša civilizacija nije ili možda neće biti korak napred, i u stvari (ako te dobro shvatam), jeste ili može da bude nazadovanje od stanja identičnog ili analognog položaju Zulu. Nadalje, sklon sam da priznam da ovakav stav potiče od prirode, u nekoj meri najzad, od prvobitnog stava, i ne može se adekvatno dokazati, u istom smislu, mislim da se prvobitan stav o pesimizmu, ili prvobitan stav o nepostojanju materije, ne može adekvatno dokazati. Ipak, ne smatram da si pod utiskom onoga što si pokazao više nego što smatram da je ovaj stav logičan, što, napokon, premalo odskače od tvrdnje da nije kontradiktoran po značenju."

Bazil primače knjigu svojim očima i izvadi cigaru.

„Ne shvataš", reče, „ali, s druge strane, kao obeštećenje, mogu li da zapalim. Zbog čega prigovaraš tom odvratnom varvarskom ritualu, ne mogu da shvatim. Mogu samo da kažem da sam s tim počeo kad sam počeo da budem Zulu, u uzrastu od deset godina. Ono što sam imao na umu jeste da, iako ti o Zuluima znaš više u naučnom smislu, ja o njima znam više jer sam divljak. Na primer, tvoja teorija o poreklu jezika, nešto o tome da je potekao od oblikovanog tajnog jezika nekog posebnog bića, iako si me zatrpao činjenicama i učenjem tome u prilog, i dalje me ne uverava, zato što osećam da to nije način na koji se stvari dešavaju. Ako me pitaš zašto mislim ovako, mogu samo da ti odgovorim da sam Zulu; a ako me pitaš (što ćeš sigurno i da učiniš) kakva je moja definicija Zulua, i to ti mogu reći. To je onaj koji se u sedmoj godini popeo na jabukovo drvo u Saseksu i plašio se duhova po engleskim sokacima."

„Tvoj način razmišljanja...", poče nepomični Čad, ali njegov govor beše prekinut. Njegova sestra, s tom muževnošću koja se uvek u takvim porodicama koncentriše kod sestara, naglo otvori vrata ukočenom rukom i reče:

„Džejmse, gospodin Bingam iz Britanskog muzeja želi da se ponovo vidi s tobom."

Filozof se pridiže ošamućenog pogleda, što je kod ovakvih ljudi oduvek ukazivalo na činjenicu da su filozofiju smatrali prijatnom stvari, a praktičan život za uvrnutu i rastrojenu stvar, i oklevajući izađe iz sobe.

„Nadam se da mi ne zamerate na mojoj obaveštenosti, gospođice Čad", reče Bazil Grant, „ali načuo sam da se Britanski muzej opredelio za jednog od mnogih koji su zaslužili priznanje njihovog javnog dobra. Istina je, zar ne, da će profesor Čad verovatno biti postavljen za kustosa Odeljenja azijskih rukopisa?"

Strogo lice usedelice odavalo je golemo zadovoljstvo i golemu patnju takođe. „Verujem da je istina", reče ona. „Ako jeste, ne samo da će to biti velika čast koju žene, uveravam vas, veoma osećaju, već i veliko olakšanje, koje osećaju još više; olakšanje od briga o mnogim stvarima. Džejmsovo zdravlje nikada nije bilo dobro, i kako smo već siromašni, morao je da se bavi novinarstvom i podučavanjem, kao dodatak svojim strašno teškim razmišljanjima i otkrićima, koje voli više nego ljude, žene ili decu. Često sam bila zabrinuta da osim ako se ovako nešto ne desi, zaista bi trebalo da budemo bržljivi s njegovom glavom. Ipak, mislim da je to, praktično, sređeno."

„Očaran sam", poče Bazil, ali zabrinutog lica. „Ali ovi birokratski pregovori su tako grozno riskantni, da zaista ne mogu da vas savetujem da se nadate, da biste posle samo upali u gorčinu. Poznavao sam ljude, i to dobre poput vašeg brata, da su se približili i više od ovoga i potom bili razočarani. Naravno, istina je..."

„Ako je ovo istina", reče žena žestoko, „to znači da ljudi koji nikada nisu živeli mogu da pokušaju da žive."

Dok je još govorila, profesor uđe u sobu i dalje s ošamućenim izrazom u očima.

„Je l' istina?" upita Bazil, vatrenih očiju.

„Ni najmanje", odgovori Čad nakon trenutka zbunjenosti. „Tvoj argument je po tri osnova varljiv."

„Na šta misliš?" zapita Grant.

„Pa", reče profesor lagano, „rekavši da bi mogao da poseduješ znanje o suštini života Zulu razlikuje se od..."

„O, prokleti Zulu život", povika Grant, uz navalu smeha. „Hoću da kažem, jesi li dobio postavljenje?"

„Misliš mesto kustosa Odeljenja azijskih rukopisa", reče, otvarajući oči s detinjom začuđenošću. „O, da, dobio sam. Ali, stvarna primedba na tvoj argument, koja mi se, priznajem, ukazala tek kad sam izašao iz sobe, jeste da ona ne odvaja unapred istinu o Zulu od činjenica, već izvodi zaključak da je njeno otkrivanje apsolutno ometeno činjenicama."

„Smožden sam", reče Bazil, i sede smejući se, dok se profesorova sestra povukla u svoju sobu, možda, možda i ne.

Bilo je prilično kasno kada smo otišli od Čadovih, a uz to put od Šepards Buša do Lambeta je prilično dug i zamoran. To bi moglo da bude naše opravdanje za činjenicu da smo (jer ja sam se preko noći zadržao kod Granta) sledećeg dana sišli na doručak u neopisivo grešno doba, u vreme, zapravo, blizu podneva. Čak i na taj okasneli doručak, došli smo prilično neobavezno i ležerno obučeni. Grant je, posebno, izgledao dremljivo za stolom da jedva da je video hrpu pisama pored tanjira, i sumnjam da bi otvorio ijedno od njih da na vrhu nije ležala ona jedinstvena stvar koja je osvojila središte moderne bezbrižnosti po pitanju hitnosti i obaveznosti – telegram. Otvorio ga je s istom teškom zbunjenošću s kojom je ljuštio jaje i pio čaj. Dok ga je čitao nijedna vlas mu se nije mrdnula, niti je reč rekao, ali nešto me je, ne znam šta, nagonilo da osetim da se nepomična figura iznenada zategla kao kad se zatežu žice na raštimovanoj gitari. Iako nije kazao ni reči i nije se micao, znao sam da se na trenutak razbistrio i pribrao kao poliven ledenom vodom. To jedva da je za mene bilo iznenađenje da je čovek koji je gomilao mrzovolju u sebi i upadao u nju, šutne je kao psa ispod sebe i priđe mi u dva koraka.

„Šta kažeš na ovo?" reče, i poturi mi telegram.

Pisalo je: „Molim vas, dođite smesta. Džejmsovo duševno stanje opasno. Čad."

„Na šta je žena mislila?" razdražljivo rekoh posle pauze. „Te žene su govorile da je siroti stari profesor van sebe otkad se rodio."

„Grešiš", reče Grant pribrano. „Istina je da sve razborite žene misle da su svi učeni ljudi – ludaci. Istina je, u stvari, da sve žene, koje god vrste, misle da su svi muškarci, koje god vrste – ludaci. Ali, one ne stavljaju to u telegrame, u većoj meri nego što telegramom javljaju da je trava zelena ili Bog milosrdan. Te stvari su očigledne, i k tome često privatne. Ako je gospođica Čad, naočigled neke nepoznate žene u pošti, pisala da je njen brat skrenuo s uma, možeš biti sasvim siguran da je to učinila jer je to pitanje života i smrti, a ona se nije setila nijednog drugog načina da nas privoli da smesta dođemo."

„Privoleće nas, svakako", rekoh uz osmeh.

„O, da", uzvrati on, „tu pored je postaja s kočijama."

Bazil jedva da je prozborio reč dok smo se vozili preko Vestminsterskog mosta, preko Trafalgar skvera, Pikadilija i uz Oksbridž drum. Jedino dok je otvarao kapiju, reče:

„Mislim da ćeš mi verovati, druže moj", reče on, „ovo je jedan od najuvrnutijih i najzamršenijih i najzapanjujućih događaja koji su se ikad desili u Londonu ili, zapravo, u bilo kojoj razvijenoj civilizaciji."

„Uz sve simpatije i poštovanje, priznajem da baš ne shvatam", rekoh. „Zar je tako neobično ili zamršeno što je sanjivi stari invalid i mesečar koji je oduvek hodao ivicom nepojmljivog, poludeo od šoka ogromne radosti? Zar je toliko neobično da čovek s glavom poput repe i dušom poput paukove mreže ne shvata da mu je snaga jednaka zbunjujućoj promenljivosti sreće? Da li je, ukratko, tako neobično da Džejms Čad izgubi razum od uzbuđenja?"

„Ni najmanje ne bi bilo neobično", odgovori Bazil mirno. „Ni najmanje ne bi bilo neobično", ponovi on, „ako bi profesor poludeo. To nije bila neobična okolnost na koju mislim."

„Šta je", upitah, tapkajući nogom, „bilo neobično?"

„Neobično je", reče Bazil, zvoneći na vrata, „to što on nije poludeo od uzbuđenja."

Visoka i kruta figura najstarije gospođice Čad zaprečila je ulaz pošto su se vrata otvorila. Druge dve gospođice Čad izgleda da su na isti način zaprečile uzani prolaz i maleni salon. Uopšte, postojao je osećaj da skrivaju nešto od pogleda. Izgledale su kao tri gospođe u crnini u nekom čudnom Meterlinkovom[1] komadu, skrivajući katastrofu od publike u maniru grčkog hora.

„Sedite", reče jedna od njih, glasom koji je nekako bio ukočen od bola. „Mislim da je bolje da vam prvo kažem šta se dogodilo."

Potom je, mračnog lica, beizražajno zagledana kroz prozor, nastavila jednoličnim i mehaničkim glasom:

„Bolje da iznesem sve što se dogodilo onako kako se i dogodilo. Ovog jutra pospremala sam posle doručka, mojim sestrama nekako nije bilo dobro, i nisu silazile. Moj brat tek što je izašao iz sobe, verujem, da donese knjigu. Ponovo se vratio, ali bez nje, i neko vreme stajao i zurio u gole rešetke. Rekla sam: 'Jesi li tražio išta da ti ja mogu doneti?' Nije odgovorio, ali to se neprestano događa, budući da je često veoma rasejan. Ponekad je tako obuzet svojim proučavanjima, da ga ništa sem dodira po ramenu ne čini svesnim nečijeg prisustva, pa da sam pošla oko stola prema njemu. Zaista ne umem da objasnim osećaj koji sam tad imala. Izgleda gotovo luckasto, ali u trenutku izgledalo je zaista grozno, uznemiravajući čovekov um. Istina je, Džejms je stajao na jednoj nozi."

Grant se lagano smešio i trljao ruke nekako zabrinut.

„Stajao na jednoj nozi?" upitah ja.

„Da", uzvrati žena mrtvačkim glasom, bez promene koja bi upućivala na to da je shvatila fantastičnost svoje tvrdnje. „Stajao je na levoj nozi, a desnu je po-

---

[1] Moris Meterlink – belgijski pesnik i dramski pisac. Nedostatak radnje, fatalizam, misticizam i neprestano prisustvo smrti karakterišu njegova dela u ranom periodu. – *Prim. prev.*

digao gore pod oštrim uglom, nožnim prstima usmerenim nadole. Pitala sam ga da li ga boli noga. Jedini njegov odgovor bio je da smesta, pod pravim uglom, postavi nogu u odnosu na drugu nogu, kao da na nju pokazuje svojim prstima prislonjenim uz zid. I dalje je izgledao prilično ozbiljno kod kamina.

'Džejmse, u čemu je stvar?' povikala sam, jer sam se sva preplašila. Džejms je desnom nogom tri puta pucnuo u vazduhu, prebacio se na drugu, tri puta pucnuo njom takođe, i zavrteo se u krug poput tetotuma[1] na drugu stranu. 'Jesi li poludeo?' povikah. 'Zašto mi ne odgovoriš?' On je zastao gledajući me, i to kao što me uvek gleda, podignutih obrva i krupnim podsmešljivim očima. Dok sam govorila on je za sekund ili dva ostao nepomičan, a potom je jedini njegov odgovor bio da svoje levo stopalo lagano podigne s poda i njime opisuje krugove u vazduhu. Jurnula sam na vrata i pozvala Kristinu. Neću da se zadržavam na jezivim časovima koji su usledili. Sve tri smo govorile s njim, preklinjući ga da govori s nama, ukazujući mu da može namrtvo da polomi vrat, ali on nije činio ništa sem što je skakutao, plesao i klepetao istim svečanim izrazom. Izgledalo je kao da njegove noge pripadaju nekom drugom ili su ih đavoli zaposeli. Od tada nije progovorio s nama."

„Gde je on sada?" rekoh ja, dižući se uznemiren. „Ne bi trebalo da ga ostavljamo nasamo."

„Doktor Kolman je s njim", reče gospođica Čad smireno. „U bašti su. Doktor Kolman misli da će mu vazduh prijati. I jedva da može da izađe na ulicu."

Bazil i ja dotrčasmo do prozora koji je gledao na baštu. Bila je to mala i nekako samodovoljna prigrad-

---

[1] Četvorostrana čigra za kockanje sa stranama obeleženim slovima. – *Prim. prev.*

ska bašta; cveće posađeno previše uredno i poput šare tepiha u boji; ali na ovom blistavom i mirisnom letnjem danu čak i ono je imalo bujnost nečeg prirodnog, rekao bih gotovo tropskog. U sredini svetlog i zelenog, ali nepodnošljivo kružnog travnjaka stajale su dve figure. Jedna od njih bio je oniži, oštrouman čovek crnih brkova i veoma uglačanog šešira (pretpostavljam doktor Kolman), koji je govorio veoma tiho i razgovetno, iako s nervoznim trzajima, kako se pokazalo, na licu. Drugi je bio naš stari prijatelj, koji je slušao sa svojim starim izrazom predanosti i očima sove, jaka sunčeva svetlost bleštala mu je preko naočara kao što ga je svetlost lampe obasjavala protekle noći, kada se bučni Bazil podsmevao njegovoj učenoj pristojnosti. Ipak, u jednoj stvari figura od ovog jutra mogla bi da bude identična figuri od prošle noći. Ta stvar sastojala se u tome što, dok je lice mirno slušalo, noge su marljivo plesale poput nogu pozorišne lutke. Uredno cveće i osunčana bašta pružali su neopisivu silinu i nestvarnost čudu – čudu od glave pustinjaka i nogu akrobate. Jer, čuda bi uvek trebalo da se dešavaju na jasnom dnevnom svetlu. Noć ih čini verodostojnim i stoga svakidašnjim.

Druga sestra je u to vreme već ušla u sobu i nekako setno prišla prozoru.

„Adelaida, ti znaš", reče ona, „da gospodin Bingam iz Muzeja dolazi u tri."

„Znam", reče Adelaida Čad gorko. „Pretpostavljam da bi trebalo da mu kažemo o ovome. Znala sam da nam sreća neće lako doći."

Grant se iznenada okrenu. „Na šta mislite?" reče. „Šta to treba da kažete gospodinu Bingamu?"

„Znate vi šta ja to treba da mu kažem", reče profesorova sestra, gotovo svirepo. „Ne znam da li treba ovome da damo njegovo bedno ime. Mislite li da će kustosu Azijskih rukopisa biti dopušteno da nastavi s ovim?" I ona za trenutak pokaza na figuru u bašti, na blistavo lice koje sluša i nespokojna stopala.

Bazil Grant izvadi svoj sat jednim naglim pokretom. „Šta ste rekli kad dolazi čovek iz Britanskog muzeja?" reče on.

„U tri sata", reče kratko Čadova.

„Onda imam još sat vremena", reče Grant, i bez reči prebaci se kroz prozor i skoči u baštu. Nije otišao pravo do doktora i ludaka, već je šetao baštenskom stazicom približavajući im se oprezno, a ipak bezbrižno. Stao je na nekoliko koraka od njih, i izgledao kao da traži novčić od pola penija po džepu od pantalona, ali, koliko sam ja mogao da vidim, staloženo pretražujući široki obod svog šešira.

On iznenada priđe, uhvati profesora Čada pod ruku, i reče, glasnim prijateljskim glasom: „Dakle, dečače moj, misliš li i dalje da su Zulu inferiorni prema nama?"

Doktor nabra svoje obrve i unervozi se, kao da bi nešto rekao. Profesor okrenu svoju ćelavu i blagu glavu prema Grantu, prijateljski, ali ne odgovori, zaludno zamahujući svojom levom nogom.

„Jesi li pridobio doktora Kolmana za svoja gledišta?" nastavi Bazil, i dalje istim glasnim i lucidnim tonom.

Čad je samo vukao svoju nogu i neznatno je udarao drugom, njegovo izražavanje i dalje je bilo dobroćudno i ispitivačko. Doktor se umeša prilično oštro: „Hoćemo li da uđemo unutra, profesore?" reče on. „Eto, pokazali ste mi baštu. Divna bašta. predivna bašta. Hajdemo unutra", i pokuša da uhvati udarenog etnologa pod ruku, istovremeno šapnuvši Grantu: „Moram vas zamoliti da ga ne uzbunjujete pitanjima. Veoma rizično. Mora da se umiri."

Bazil odgovori istim tonom, veoma hladno:

„Naravno, vaša uputstva moraju se slediti, doktore. Trudiću se da tako i činim, ali nadam se da neće biti protivrečno ako me ostavite s mojim sirotim prijateljem na jedan sat. Hoću da ga posmatram. Uveravam vas, doktore Kolman, da ću mu se veoma malo obraćati, a i to malo biće umirujuće kao... kao sirup."

Doktor pažljivo obrisa svoje naočare.

„Previše je opasno za njega", reče, „da predugo bude na jakom suncu bez šešira. Ćelave glave, takođe."

„Brzo će biti sređeno", reče Bazil staloženo, i skide svoj veliki šešir i šljasnu ga na jajoglavu profesorovu lobanju. Ovaj drugi nije se ni osvrnuo, nego je plesao zagledan u horizont.

Doktor ponovo stavi svoje naočare, strogo gledajući ovu dvojicu nekoliko sekundi, sa svojom donekle pticolikom glavom, i potom govoreći, kratko: „U redu", uputio se, šepureći se, u kuću, gde su tri gospođice Čad sve posmatrale sa salonskog prozora okrenutog prema bašti. Zurile su u nju ljutitim očima čitav čas ne pomerivši se, i videle su prizor, više neobičan nego, po sebi, ludački.

Bazil Grant uputio je nekoliko pitanja poludelom, bez ikakvog uspeha u bilo čemu sem u neprekidnim ludorijama, i kad je završio s tim, lagano je izvukao crvenu beležnicu iz jednog džepa i veliku olovku iz drugog.

Počeo je užurbano da pravi beleške. Kad je ludak odskakutao od njega, pratio bi ga nekoliko koraka, zaustavljao se i ponovo pravio beleške. Tako su išli jedan za drugim okolo naokolo praveći šašavi krug po busenju, prvi, zapisujući olovkom, s licem čoveka koji rešava problem, drugi poskakajući i igrajući se poput deteta.

Posle otprilike tri četvrt časa ove imbecilne scene, Grant vrati olovku u džep, ali ostavi beležnicu otvorenu u ruci, i koračajući oko poludelog profesora, posadi se tačno ispred njega.

Tada se desilo nešto što čak ni oni već svikli na to neobuzdano jutro nisu mogli ni da predvide ni da sanjaju. Profesor, naišavši Bazila pred sobom, piljio je tupom dobroćudnošću nekoliko sekundi, i onda zaustavio svoju nogu i obesio je presavijenu u položaju koji je njegova sestra opisala da je bio prvi od svih njegovih ludorija. A u trenutku kad je uradio ovo, Bazil Grant podigao je nogu i držao je ispruženu nepomično ispred njega, suprotstavljajući se Čadu ravnim đonom svoje čizme. Profesor spusti svoju savijenu nogu, i premesti svoju težinu na nju, pustivši drugu pozadi, kao kad čovek pliva. Bazil prekrsti svoje noge, i potom ih ponovo razdvoji, skočivši uvis. I pre nego što je iko od posmatrača mogao da progovori i reč, ili da pomisli štogod o ovoj stvari, obojica su zaplesala sitnim korakom ili mornarskim plesom, jedan naspram drugog; a sunce je obasjavalo dva ludaka umesto jednog.

Bili su tako obuzeti gluvoćom i slepilom monomanije[1], da nisu videli najstariju gospođicu Čad kako, u stavu kojim preklinje, grozničavo ulazi u baštu, i gospodina koji je sledi. Profesor Čad bio je u najluđem položaju *pas-de-quatre*[2], Bazil Grant je izgledao kao da pravi kolut preko glave, kada su čeličnim glasom Adelaide Čad bili paralizovani u svojim ludorijama:
„Gospodin Bingam iz Britanskog muzeja."

Gospodin Bingam bio je vitak, dobro odeven gospodin šiljate i blago ženstvene sede brade, i formal-

---

[1] Monomanija – jednostrano ludilo. – *Prim. prev.*
[2] *Pas de Quatre* je balet za zabavu, bez radnje, samo s koreografijom za demonstraciju tehnike. – *Prim. prev.*

nih ali prijatnih manira. Bio je od previše civilizovane vrste, kao što je profesor Čad bio od necivilizovanih cepidlaka. Njegova formalnost i prijatnost omogućavali su mu izvesno poverenje pod ovakvim okolnostima. Imao je ogromno knjiško iskustvo i znatno iskustvo iz prilično površnih pomodnih salona. Ipak, ni naučno znanje nije ga priviklo na spektakl dva osedela gospodina iz srednje klase u modernim kostimima koji su se bacali tamo-amo poput akrobata, kao zamenu za dremku posle ručka.

Profesor nastavi sa svojim ludorijama sa savršenom smirenošću, ali Grant se naglo zaustavi. Doktor se ponovo pojavio na sceni, i njegove sjajne garave oči, ispod njegovog blještavog crnog šešira, nemirno su sevale od jednog do drugog.

„Doktore Kolman", reče Bazil, okrećući se k njemu, „hoćete li da se ponovo pozabavite profesorom Čadom nakratko? Uveren sam da ste mu potrebni. Gospodine Bingam, možete li mi učiniti zadovoljstvo od nekoliko trenutaka razgovora nasamo? Moje ime je Grant."

Gospodin Bingam iz Britanskog muzeja, nakloni se u maniru koji je bio učtiv, ali pomalo lakrdijaški.

„Gospođica Čad će mi oprostiti", nastavi Bazil lagano, „što ne poznajem kuću." I brzo provede zbunjenog bibliotekara kroz zadnja vrata, u salon.

„Gospodine Bingam", reče Bazil, smeštajući ga u fotelju, „mislim da vam je gospođica Čad ispričala o ovom žalosnom događaju."

„Jeste, gospodine Grant", reče Bingam, gledajući u sto s nekakvom saosećajnom nervozom. „Ova užasna nesreća zabolela me je više nego što mogu da kažem. Izgleda baš srceparajuće što se stvar desila upravo kada smo odlučili da vašem uvaženom prijatelju damo položaj koji savršeno odgovara njegovim izvrsnim osobinama. Zbog toga, naravno... zaista, ne znam šta da kažem. Profesor Čad može, naravno, da zadrži – iskreno se nadam da hoće – svoj izvanredno dragocen intelekt. Ali, bojim se – zaista se bojim – da neće biti dopušteno da kustos Azijskih rukopisa... eh... igra nakolo."

„Imam predlog", reče Bazil, i naglo sede u svoju fotelju, privlačeći je stolu.

„Počastvovan sam, razume se", reče gospodin iz Britanskog muzeja, kašljući i privlačeći svoju fotelju takođe.

Sat na ivici kamina otkuca tek nekoliko trenutaka potrebnih Bazilu da pročisti grlo i prikupi reči, a onda reče:

„Moj predlog je ovaj. Ne znam da li u strogom značenju reči možete sve ovo da zovete kompromisom, ipak ima nešto od toga. Moj predlog je da Vlada (delujući, kako pretpostavljam, preko Muzeja) treba da plaća profesora Čada 800 funti godišnje dok ne prestane da igra."

„Osam stotina godišnje!" reče gospodin Bingam, i po prvi put podiže svoje blage plave oči prema očima svog sabesednika – i on ih blago podiže u neverici. „Mislim da vas nisam sasvim razumeo. Jesam li razumeo da kažete da profesor Čad treba da bude zaposlen, u sadašnjem svom stanju, u odeljenju za Azijske rukopise uz osam stotina godišnje?"

Grant odlučno odmahnu glavom.

„Ne", reče odsečno. „Ne. Čad mi je prijatelj, i za njega bih rekao sve što mogu. Ali ne kažem, ne mogu da kažem, da treba da preuzme Azijske rukopise. Ne idem tako daleko. Samo kažem da dok ne prestane s plesom treba da ga plaćate 800 funti. Svakako imate neki opšti fond za podsticaj istraživanja."

Gospodin Bingam gledao je zbunjeno.

„Zaista ne znam", reče, trepćući očima, „o čemu govorite. Da li nam tražite da damo ovom očiglednom ludaku skoro hiljadu godišnje dok je živ?"

„Nipošto", povika Bazil, snažno i trijumfalno. „Nikad nisam rekao doživotno. Nipošto."

„Nego šta, onda?" upita pokorno Bingam, krotko savlađujući instinkt da počupa kosu. „Koliko bi taj podsticaj trebalo da traje? Ne do njegove smrti? Do Sudnjeg dana?"

„Ne", reče Bazil sijajući, „nego upravo koliko sam rekao. Dok ne prestane s plesom." I zavali se zadovoljan i s rukama u džepovima.

Bingam je u tom času prodorno prikovao svoje oči na Bazila Granta i držao ih tako.

„Dajte, gospodine Grant", reče. „Da li vas ozbiljno shvatam da predlažete da Vlada plaća profesoru Čadu vanredno visoku svotu, jednostavno zbog toga što je (oprostite na izrazu) poludeo? Da treba da bude plaćen više nego četiri izvrsna pomoćnika, zbog toga što vitla svojim čizmama u bašti?"

„Upravo", reče Grant staloženo.

„Da ta apsurdna plata ne samo da teče dok traje taj apsurdni ples, već u stvari da se prekine zajedno s tim apsurdnim plesom?"

„Jednom se mora završiti", reče Grant. „Svakako."

Bingam ustade i maši se svog izvanrednog štapa i rukavica.

„Zaista nema više ništa da se kaže, gospodine Grant", reče on hladno. „Ono što pokušavate da mi objasnite može biti šala – blago bezosećajna šala. To može biti vaše iskreno gledište, u kom slučaju vam opraštam za malopređašnji predlog. Ipak, u svakom slučaju, čini se da je sasvim nevažan u pogledu mojih dužnosti. Umna poremećenost, mentalni krah profesora Čada, jeste stvar toliko bolna za mene da ne mogu lako da podnesem da govorim o tome. Ipak, jasno je da za sve postoji granica. I ako bi arhanđel Gavrilo poludeo, to bi, žao mi je što to kažem, prekinulo njegovu vezu s Bibliotekom Britanskog muzeja."

Krenuo je prema vratima, ali Grant ga je zaustavio hitrim pokretom ruke – kao dramatičnim upozorenjem.

„Stanite!" reče Bazil ozbiljno. „Stanite dok još ima vremena. Želite li da budete deo velikog poduhvata, gospodine Bingam? Hoćete li da doprinesete slavi Evrope – slavi nauke? Hoćete li da se ponosite sobom, bilo da vam je glava ćelava ili osedela, što ste bili deo velikog otkrića? Hoćete li..."

Bingam se umeša odlučno:

„Ako to želite, gospodine Grant..."

„Onda je", reče Bazil bezbrižno, „vaš zadatak jednostavan. Dajte Čadu 800 funti godišnje dok ne prestane s plesom."

Uz pomamno lepršanje njegovih raspevanih rukavica Bingam nestrpljivo krenu prema vratima, ali hrleći do njih, shvati da su preprečene. Doktor Kolman je ulazio unutra.

„Oprostite mi, gospodo", reče nervoznim, poverljivim glasom, „činjenica je, gospodine Grant, ja... eh... napravio sam najuznemirujuće otkriće o gospodinu Čadu."

Bingam ga je gledao ozbiljno.

„Toga sam se i plašio", reče. „Piće, pretpostavljam."

„Piće!" ponavljao je Kolman, kao da bi to bila mnogo blaža afera. „O, ne, nije piće."

Gospodin Bingam postade pomalo uznemiren, i njegov glas postade užurbaniji i nejasnji. „Homicidalna manija..." otpoče on.

„Ne, ne", reče čovek od medicine nestrpljivo.
„Misli da je od stakla", reče Bingam grozničavo, „ili kaže da je Bog... ili..."
„Ne", reče doktor Kolman odsečno; „činjenica je, gospodine Grant, moje otkriće je drugačije prirode. Strašna stvar u vezi s njim jeste..."
„O, nastavite, gospodine", zavapi Bingam u agoniji.
„Strašna stvar u vezi s njim jeste" ponovi Kolman, promišljajući, „da on nije lud."
„Nije lud!"
„Postoje neke dobro poznate psihičke probe na ludilo", reče doktor kratko. „Nije reagovao ni na jednu."
„Ali, zašto igra?" uzviknu očajni Bingam. „Zašto nam ne odgovara? Zašto ne govori sa svojom porodicom?"
„Đavo bi ga znao", reče doktor Kolman. „Plaćen sam da iznosim sud o ludacima, ali ne o budalama. Ovaj čovek nije lud."
„Šta za ime sveta to može da znači? Zar ga ne možemo navesti da sluša?" reče gospodin Bingam. „Zar niko ne može da stupi u bilo kakav kontakt s njim?"
Grantov glas, prolomi se naglo i razgovetno poput čeličnog zvona:
„Bio bih veoma srećan", reče on, „da mu predam bilo kakvu poruku koju želite da mu uputite."
Oba čoveka zurila su u njega.
„Da mu predate poruku?" uzviknuše istovremeno. „Kako ćete da mu predate poruku?"
Bazil se smešio na svoj lagani način.
„Ako zaista želite da znate kako ću mu predati poruku", otpoče on, ali Bingam uzviknu:
„Razume se, razume se", nekako mahnito.

„Dakle", reče Bazil, „evo ovako." I on iznenada ispruži stopala uvis, uz tresak skidajući čizme, i onda se postavi na jednu nogu.

Lice mu je bilo ozbiljno, iako je ovaj utisak neznatno bio pokvaren činjenicom da je jednom nogom pravio krugove u vazduhu.

„Vi ste me naterali na ovo", reče. „Vi ste me naterali da izdam prijatelja. Ali, za njegovo dobro, izdaću ga."

Bingamovo osetljivo lice poprimi naročiti izraz žalosti kao neko ko je na pragu nečasnog otkrića. „Ništa bolno, razume se..." poče on.

Bazil spusti svoje slobodno stopalo na tepih s treskom koji ih je sve prodrmao u njihovom krutom nemoćnom stavu.

„Idioti!" povika. „Zar niste videli čoveka? Zar niste posmatrali kako Džejms Čad sumorno baulja iz svoje bezbojne kuće do vaše bedne biblioteke, sa svojim bezveznim knjigama i zbunjujućim kišobranom, i nikad niste videli da ima oči fanatika? Zar niste nikada primetili, nemarno prikačeno između njegovih podsmešljivih očiju i pohabanog okovratnika, lice čoveka koji je bi mogao da pokopa nevernike ili da dâ život za kamen mudrosti? Sve je to moja greška, na neki način: potpalio sam dinamit njegove smrtonosne vere. Raspravljao sam se s njim oko rezultata njegove čuvene teorije o jeziku – teorije da je jezik bio konačan kôd izvesnih pojedinaca i bio preuzet od ostalih jednostavnim posmatranjem. Takođe sam ga zadirkivao što ne posmatra stvari u surovim i neposrednim okolnostima. Šta je ovaj veličanstveni čovek uradio? On mi je odgovorio. Izgradio je sopstveni jezički sistem (odužilo bi se kad bih objašnjavao); izmislio je, kažem, sopstveni jezik. I zakleo se da, dok ljudi ne shvate ovaj jezik, dok ne bude mogao da nam se obraća ovim jezikom, neće govoriti nijednim drugim. I neće. Shvatio sam, praveći brižljive beleške; i, neba mu, i ostali će. Ovo ga neće koštati ugleda. Dovršiće on svoj eksperiment. Imaće on odnekud 800 funti godišnje dok ne završi s plesom. Zaustaviti ga sada bio bi sramotan rat protiv velike ideje. To je verski progon."

Gospodin Bingam pruži ruku srdačno.

„Zahvaljujem vam, gospodine Grant", reče on. „Nadam se da ću biti u mogućnosti da se postaram za izvor tih 800 funti i voleo bih da mogu. Hoćete li doći do moje kočije?"

„Ne, zaista vam hvala, gospodine Bingam", reče Grant srdačno. „Mislim da ću poći da proćaskam s profesorom u bašti."

Razgovor između Čada i Granta izgleda da je bio prisan i prijateljski. Kad sam odlazio, oni su i dalje su plesali.

Poglavlje 6

## NASTRANA POVUČENOST STARE DAME

Razovor s Rupertom Grantom imao je dva značajna zanimljiva elementa – prvi, silne fantazije o detektivskoj dedukciji kojom je bio obuzet i, drugi, njegovo istinsko romantično interesovanje za život Londona. Njegov brat Bazil govorio je o njemu: „Njegovo rezonovanje je naglašeno hladno i jasno, i nepogrešivo ga vodi u grešku. Ali, njegova poezija dolazi naglo, i vodi ga ka istini." Bilo da je ovo o Rupertu u celini bilo istinito ili ne, zasigurno je snažno potvrđeno jednom pričom o njemu za koju mislim da ju je vredno ispričati.

Šetali smo zajedno duž puste terase u Bromptonu. Ulica je bila puna tog svetloplavog sumraka koji se leti spušta oko pola devet, i koji za trenutak izgleda ne toliko kao nadolazak mraka, koliko kao da novi azurni osvetljivač počinje da radi, kao da se planeta odjednom našla pod svetlošću nekakvog safirnog sunca. U hladnom plavetnilu, limunova boja iz lampi već je počela da se razbuktava, i dok smo prolazili kraj njih, Rupert je govorio uzbuđeno, jedna za drugom bela varnica počeše da iskaču iz mraka. Rupert je govorio uzbuđeno, jer je pokušavao da mi dokaže devet stotina i devedeset devet svojih amaterskih detektivskih teorija. Govorio bi o Londonu, s tom mahnitom logikom u glavi, videći zaveru u sudaru kočija, i naročito proviđenje u nedogoreloj šibici u padu.

Njegova sumnjičavost u jednom trenutku bila je usmerena na sirotog mlekadžiju koji je išao ispred nas. Toliko su upadljivi bili incidenti koji su nas docnije obuzeli, da sam se zaista uplašio da sam zaboravio koja je bila glavna crta mlekadžijinog zločina. Mislio sam da to ima neke veze s činjenicom da je on imao tek jednu malu kantu mleka za raznošenje i da je, zbog toga što je izgubio poklopac i koračao prilično brzo, prosipao mleko po pločniku. To je ukazivalo na to da nije razmišljao o svom malom tovaru, a to je opet ukazivalo na to da je mislio o nečem drugom, a ne o svom mlekadžijskom poslu kako se bližio kraju svoje šetnje, a to (ako se posmatra u vezi s kaljavim čizmama) je ukazivalo na nešto na što sam potpuno zaboravio. Plašim se da sam se tom detaljnom otkrovenju nemilosrdno podsmevao; i plašim se da je Rupert Grant, koji je, premda najbolji od svih, imao neobično osetljiv umetnički temperament, bio blago povređen mojim ruganjem. Nastojao je da omiriše svoju cigaru, s mirnoćom koju je povezivao sa svojim zanimanjem, ali cigara je, kako mislim, bila gotovo izgrickana.

„Dragi moj druže", reče on kiselo, „kladim se u pola krune[1] da gde god da se taj mlekadžija uistinu zaustavi, otkriću nešto ozbiljno."

„Moje bogatstvo doraslo je tom riziku", rekoh smešeći se. „Dogovoreno."

Hodali smo otprilike četvrt časa u tišini tragom zagonetnog mlekadžije. Hodao je sve brže i brže, i imali smo nešto muke da idemo u stopu za njim; a on je svaki čas pljuskao mleko, koje je sijalo poput srebra na svetlosti lampi. Odjednom, gotovo pre nego što smo mogli da primetimo, nestao je niz stepenice neke

---

[1] Engleska kruna, iznosi 5 šilinga. – *Prim. prev.*

kuće. Verujem da je Rupert mislio da je mlekadžija bio vilenjak; za sekund je izgledalo kao da je prihvatio to što je ovaj nestao. Potom se, doviknuvši mi nešto što nisam shvatio, ustremio za zagonetnim mlekadžijom, i sam nestao na istom mestu.

Čekao sam najmanje pet minuta, oslonjen o stub ulične rasvete u opusteloj ulici. Onda se mlekadžija pojavio, njišući se uz stepenice bez svoje kante i užurbano otkloparao niz put. Dva ili tri minuta istekoše, i potom se pojavi Rupert, takođe poskakujući, bledog lica, ali ipak nasmejanog; neretka protivrečnost u njemu označavala je uzbuđenje.

„Prijatelju moj", reče on, trljajući ruke, „previše za sav tvoj skepticizam. Previše za tvoje filistarsko nepoznavanje prilika romantičnog grada. Dva šilinga i šest penija, moj dečače, jeste oblik u kojem će tvoja dobra prozaična narav morati da se iskaže."

„Šta?" rekoh s nevericom. „Hoćeš da kažeš da si zaista otkrio nešto u vezi sa sirotim mlekadžijom?"

On obori lice.

„A, mlekadžija", reče, jadno se pretvarajući da me nije razumeo. „Ne, ja... ja... nisam otkrio nešto baš u vezi s mlekadžijom, ja..."

„Šta je mlekadžija rekao i uradio?" rekoh, neumoljivo surov.

„Pa, istine radi", reče Rupert, premeštajući se nemirno s jedne noge na drugu, „sam mlekadžija je, koliko dopiru obična fizička opažanja, rekao samo: 'Mleko, gospođice', i predao kantu. To jest, da ne kažemo, razume se, da nije načinio neki tajanstveni znak ili neki..."

Prasnuh u silan smeh. „Idiote", rekoh, „zašto ne priznaš da si pogrešio i završiš s tim? Zašto bi on trebalo da učini neki tajanstveni znak više nego neko drugi? Priznaješ da nije rekao ništa i nije učinio ništa vredno spomena? Priznaješ to, zar ne?"

On se uozbilji u licu.

„Dakle, pošto tražiš to, moram da kažem da priznajem. Moguće je da mlekadžija nije odao sam sebe. Moguće je takođe da sam pogrešio u vezi s njim."

„Onda se slažem s tobom", rekoh, s izvesnim prijateljskim gnevom, „i ne zaboravi da mi duguješ pola krune."

„Što se toga tiče, tu se razilazimo", reče Rupert pribrano. „Ponašanje tog mlekadžije možda je sasvim ispravno. Možda i on sam. Ipak, ne dugujem ti pola krune. Jer su uslovi opklade, mislim, kako sam ih i predložio, kako izgleda bili da gde god se mlekadžija zaustavi trebalo je da otkrijem nešto ozbiljno."

„Pa?" rekoh.

„Pa", odgovori on, „zaista i jesam. Samo pođi sa mnom", i pre nego što sam uspeo da progovorim, on okrenu rep i zbrisa kroz gustu pomrčinu u jarak ili podrum neke kuće. Sledio sam ga, a da sam nisam doneo nikakvu odluku.

Kad smo dospeli dole, doslovno sam se osećao neopisivo glupo, kao što izreka kaže, u rupi. Nije bilo ničeg sem zabravljenih vrata, prozora s navučenim kapcima, stepenica kojima smo sišli dole, besmislene rupe u kojoj sam spoznao sebe, i tog besmislenog čoveka koji me je tamo dovukao, i koji je stajao tamo razrogačenih očiju. Baš sam hteo da krenem natrag, kada me Rupert zgrabi za lakat.

„Slušaj ovo", reče, i čvrsto držeći rukom moj kaput, on lagano pokuca zglavkom na levoj ruci po kapcima podrumskog prozora. Njegovo ponašanje bilo je tako nedvosmisleno da sam se zaustavio i čak na trenutak nagnuo glavu prema prozoru. Iznutra je dopiralo mrmljanje nekog, nesumljivo, ljudskog glasa.

„Jesi li razgovarao s nekim iznutra?" iznenada upitah, okrenuvši se ka Rupertu.

„Ne, nisam", uzvrati on, arogantno se osmehnuvši, „ali bih veoma voleo. Znaš li šta kaže taj neko unutra?"

„Ne, naravno ne", odgovorih.

„Onda ti preporučujem da slušaš", reče Rupert odsečno.

Predveče, u mrtvoj tišini otmene ulice na trenutak sam stajao i osluškivao. Iza drvene pregrade, na kojoj je bila dugačka tanka pukotina, dopirao je neprekidni i ječeći zvuk u obliku reči: „Kada ću izaći? Kada ću izaći? Hoće li me ikada pustiti?" ili nešto u tom smislu.

„Znaš li išta o ovome?" rekoh, naglo okrenuvši se Rupertu.

„Možda misliš da sam kriminalac", reče on pakosno, „umesto da u nekom sićušnom smislu budem detektiv. Prispeo sam ovamo pre dva ili tri minuta, rekavši ti da sam znao da se tu nešto čudno dešava, a ova žena iza kapaka (jer, očigledno je to žena) ječala je kao luda. Ne, dragi moj, pored toga o njoj ništa ne znam. Ona, zapanjujuće kako možda izgleda, nije moja kćer isključena iz nasledstva, ili član mog tajnog harema. Ali, kad čujem da ljudsko biće cvili da ne može da izađe, i priča sama sa sobom poput ludače i pesnicama lupa po kapcima, kao što je činila pre dva ili tri minuta, smatram da je vredno pomena, to je sve."

„Dragi moj druškane", rekoh, „izvinjavam se: nije vreme za raspravljanje. Šta da se čini?"

Rupert Grant imao je dugačak nož-skakavac, otvoren i sav blistav u njegovoj ruci.

„Pre svega", reče, „provaljivanje u kuću." I zabode oštricu u pukotinu u drvetu i odvali poprilično parče, ostavljajući iznutra procep i odsjaj zatamnjenog prozorskog okna. Soba je unutra bila potpuno neosvetljena, pa je na prvih nekoliko sekundi prozor izgledao kao mrtva i neprozirna površina, tamna poput parčeta škrljica. Onda je usledila realizacija koja nas je, iako, razumljivo, postepena, nagnala da ustuknemo i dođemo do daha. Dva velika zatamnjena ljudska oka bila su nam tako blizu da je sam prozor odjednom izgledao kao maska. Bledo ljudsko lice bilo je iznutra pritisnuto uz staklo, i kako je vidljivost rasla, kako se otvor širio, dopreše reči:

„Kada ću izaći?"

„Šta može sve ovo da bude?" rekoh.

Rupert ne odgovori, već podiže svoj štap i kao mačem ciljajući vrhom ka staklu, probuši rupu na njemu, manju i toliko precizniju od onoga što sam pretpostavljao da je moguće. U času kad je to učinio, glas je mrmljao iz rupe, da tako kažem, prodorno i ljutito i razgovetno, ponavljajući isti zahtev za oslobođenjem.

„Zar ne možete da izađete, gospođo?" rekoh, približivši se pukotini, pomalo uznemiren.

„Da izađem? Naravno da ne mogu", gorko je ječala nepoznata žena. „Neće da me puste. Rekla sam im da treba da me puste. Rekla sam im da ću zvati policiju. Ali, ne vredi. Niko nije upućen, niko ne dolazi. Mogu da me drže koliko im se sviđa, sve dok..."

Gotovo da sam se rešio da konačno razbijem prozor svojim štapom, razjaren ovom nesrećnom misterijom, kad me Rupert snažno zgrabi za ruku, čudnom, pribranom i tajanstvenom ukočenošću kao da želi da me zaustavi, a da se to ne primeti. Za trenutak sam se zaustavio, i zanjihao u tom laganom okretu, tako da sam licem bio okrenut prema potpornom zidu stepenica prednjeg ulaza. Ovo me bacilo u iznenadnu ukočenost poput Rupertove, jer figura nepomična gotovo kao stubovi u tremu, ali očigledno ljudska, proturila je glavu između dovratka i piljila u dvorište. Jedna od upaljenih uličnih lampi bila mu je tačno iza glave, razgrćući gustu tamu. Otuda, ništa na njegovom licu nije se moglo videti sem činjenice da je, nesumnjivo, zurio u nas. Moram da kažem da sam mislio da je Rupertova smirenost veličanstvena. Pozvonio je na dvorišno zvono sasvim ležerno, i nastavio da razgovor sa mnom, i u trenu ga spretno prekinuo kao da nikada nije ni počeo. Gruba, crna prilika u tremu nije se ni pomakla. Gotovo da sam pomislio da je to zaista statua. U sledećem trenutku, sivkasto dvorište bilo je zlatasto obasjano gasnom lampom, kada se podrumska vrata iznenada otvoriše i oniža i pristojna kućna pomoćnica kroči u dvorište.

„Molim vas, oprostite", reče Rupert, glasom koji je vešto udesio da na ovaj ili onaj način izgleda ljubazno i priprosto, „ali mislili smo da možete da učinite nešto za Beskućnike i napuštenu decu[1]. Ne očekujemo..."

„Ne ovde", reče oniža sluškinja, s neuporedivom oštrinom nečovekoljublja potčinjenih, i zalupi nam vrata ispred nosa.

„Veoma tužno, veoma tužno – ravnodušnost tih ljudi", reče filantrop ozbiljno, dok smo išli uz stepenice. U tom času, nepomična prilika u tremu iznenada iščeze.

„Pa, šta kažeš na ovo?" upita Rupert, tresnuvši rukavicu jednu o drugu kad smo izašli na ulicu.

Nisam mario da priznam da sam bio ozbiljno uznemiren. Pod takvim okolnostima imao sam samo jednu misao.

---

[1] Društvo beskućnika i napuštene dece *(The Waifs and Strays' Society)* osnovao je 1881. godine Edvard de Monžoj Rudolf (1852–1933).

„Zar ne misliš", rekoh stidljivo, „da bi bilo bolje da ispričamo tvom bratu?"

„O, ako želiš", reče Rupert, gospodski. „On je tu blizu, jer sam mu obećao da ćemo se videti kod Gločesterske stanice. Da uzmemo kočiju? Možda bi ga, kao što kažeš, ovo zabavilo."

Gločesterska stanica imala je, kao slučajnošću, nekakav opusteli izgled. Pošto smo malo gledali naokolo, spazili smo Bazila Granta kako svojom velikom glavom i velikim belim šeširom zaklanja prozor blagajne. Najpre sam pomislio da kupuje kartu za nekud i da se zapanjujuće dugo zadržao oko toga. U stvari, raspravljao se s blagajnikom oko religije, i u svom žaru gotovo zavukao glavu kroz otvor. Kad smo ga odvukli odatle, prošlo je izvesno vreme pre nego što je mogao da progovori o ičemu sem o porastu istočnjačkog fatalizma u savremenom smislu, što su izvrsno pokazali neki zvanični dovitljivi, ali iščašeni sofisti. Najzad smo uspeli da mu objasnimo da smo došli do jednog zapanjujućeg otkrića. Kada je slušao, slušao je pažljivo, koračajući između nas gore-dole po osvetljenoj ulici, dok smo mu, u više nego grozničavom duetu, govorili o velikoj kući u Južnom Kensingtonu, o sumnjivom mlekadžiji, o dami zatočenoj u podrumu, i o čoveku koji zuri s verande. Na kraju on reče:

„Ako mislite da se vratite da ispitate stvar, morate da pazite šta radite. Nije zgodno da obojica pođete tamo. Ići dva puta pod istim izgovorom može da bude sumnjivo. Ići pod drugim izgovorom može da bude još gore. Možete da budete sasvim sigurni da će vas ljubopitljivi gospodin koji vas je temeljno osmotrio, nositi, da tako kažem, vaše likove u samom srcu. Ako hoćete da, bez policije, otkrijete ima li čega u tome, mislim da je pametnije da sačekate napolju. Ja ću ući unutra i upoznati se s njima."

Njegov trom i zamišljen korak doveo nas je, najzad, pred samu kuću. Stajala je masivna i rumena naspram poslednjeg bledila sumraka. Izgledala je poput ljudožderskog zamka. A to je očigledno i bila.

„Misliš li da je bezbedno, Bazile", reče njegov brat, zastajući pod svetiljkom, pomalo bled, „da sam ideš u tu kuću? Svakako, bićemo dovoljno blizu da te čujemo ako budeš zapomagao, ali ovi đavoli mogu da preduzmu nešto – nešto iznenadno – ili čudovišno. Ne osećam da je sigurno."

„Ne znam ništa što je sigurno", reče Bazil staloženo, „sem, verovatno – smrti", i pope se uz stepenice i pozvoni na vrata. Kad su se masivna vrata na tren otvorila, tvoreći površ od svetla gasne lampe u nadolazećoj tmini, i potom se uz tresak zatvorila, uvlačeći našeg prijatelja unutra, nismo mogli da prikrijemo jezu. Bilo je to poput jezivog otvaranja i sklapanja tamnih čeljusti nekog naopakog morskog čudovišta. Svež noćni povetarac poče da duva ulicom, i mi podigosmo kragne naših kaputa. Posle dvadeset minuta, tokom kojih jedva da smo mrdnuli ili prozborili, bili smo zaleđeni poput ledenih santi, ali mislim više od zebnje nego od vremena. Odjednom, Rupert načini nagao pokret prema kući.

„Ne mogu da izdržim ovo", poče on, ali gotovo čim reče ovo naglo se vrati u senku, jer je ploča od zlata ponovo prosecala mračnu fasadu kuće, i snažna Bazilova figura ocrtavala se naspram nje dok je izlazio. Grohotom se smejao i govorio tako glasno da se svaki slog mogao čuti na drugoj strani ulice. Drugi glas, ili možda dva glasa, smejala su se i obraćala mu se iznutra.

„Ne, ne, ne", vikao je Bazil, uz nekakvo razdragano odbijanje. „Sasvim je pogrešno. To je najgroznija jeres od svih. Duša je ta, dragi moj čoveče, koja sudi o kosmičkim silama. Kad spoznaš kosmičku silu koja ti se ne sviđa, nasamari je, dečače moj. Ali, zaista moram da krenem."

„Dođi i navali na nas ponovo", dopre razdragani glas iz kuće. „Još su nam neke koske čitave."

„Hvala mnogo, doći ću... laku noć", drao se Grant, koji se u taj čas dokopao ulice.

„Laku noć", dopre prijateljski otpozdrav, pre nego što su se vrata zatvorila.

„Bazile", reče Rupert Grant, promuklim šapatom, „šta nam je činiti?"

„Šta bi trebalo uraditi, Bazile?" ponovih, nekontrolisano uzbuđen.

„Nisam siguran", reče Bazil premišljajući se. „Šta kažete da odemo nekud na večeru a uveče u Kraljevsko pozorište? Pokušao sam da privolim ove ljude da pođu, ali nisu mogli."

Mi piljismo tupo.

„Da idemo u Kraljevsko pozorište?", ponovi Rupert. „Kakva će biti korist od toga?"

„Korist? Na šta misliš?", odvrati Bazil, takođe pilječi. „Jesi li se okrenuo Puritanskom ili Pasivnom otporu, ili šta? Zbog zabave, naravno."

„Ali, blagi Bože na nebesima! Mislio sam, šta nam je činiti!" uzviknu Rupert. „Šta sa sirotom ženom zaključanom u toj kući? Da li da odem po policiju?"

Bazilovo lice razvedri se čim je shvatio, i nasmeja se.

„A, to", reče. „Na to sam zaboravio. To je u redu. Neka greška, verovatno. Ili nekakva sasvim beznačajna privatna stvar. Ali, žao mi je što ovi druškani ne mogu da pođu s nama. Da se povežemo jednim od ovih zelenih autobusa? Ima jedan restoran na Sloan skveru."

„Ponekad mislim da izigravaš budalu kako bi nas preplašio", rekoh razdražljivo. „Kako možemo da ostavimo tu ženu zaključanu? Kako bi to mogla biti tek privatna stvar? Kako zločin i otmica i ubistvo, bar kako ja znam, mogu biti privatne stvari? Ako naiđeš na leševe u nečijoj primaćoj sobi, hoćeš li pomisliti da je neukusno govoriti o tome kao da je to bio prokleti dadaizam ili neki pakleni bakropis?"

Bazil se od srca smejao.

„To je veoma ubedljivo", reče. „Premda, u stvari, znam da je sve u redu u ovom slučaju. A evo ga i zeleni autobus."

„Kako s takvim spokojem znaš da je u redu?" istrajavao je njegov brat gnevno.

„Dragi moj prikane, stvar je očigledna", uzvrati Bazil, držeći povratnu kartu među zubima dok je nespretno čeprkao po svom džepu na prsluku. „Ta dvojica nikad nisu počinila zločin u svom životu. Nisu od te vrste. Ima li neko od vas drugara pola penija? Hoću da uzmem kartu pre nego što autobus stigne."

„O, prokleta karta!" povika Rupert u besu. „Hoćeš da mi kažeš, Bazile, da ćeš da ostaviš to jadno stvorenje u mrklom mraku, u privatnom kazamatu, zato što si deset minuta razgovarao s njenim tamničarima i uvideo da su prilično dobri ljudi?"

„Dobri ljudi ponekad počine zločin", reče Bazil, vadeći kartu iz svojih ustiju. „Ali, ovakva vrsta dobrih ljudi ne vrši takvu vrstu zločina. Dakle, hoćemo li da uđemo u ovaj autobus?"

Veliko zeleno vozilo zaista je jurilo duž čađave ulice i tandrkalo prema nama. Bazil zakorači s ivičnjaka, i u tom času odlučivalo se hoćemo li svi uskočiti u autobus i odvesti se do restorana i pozorišta.

„Bazile", rekoh, prijateljski ga zagrlivši preko ramena, „jednostavno neću da napustim ovu ulicu i ovu kuću."

„Ni ja", reče Rupert, besno je gledajući i krčeći svoje prste. „Tamo se odvija nekakva mračna rabota. Ako sad odem, nikada više neću moći da zaspim."

Bazil Grant nas je obojicu gledao ozbiljno.

„Naravno da se osećate tako", reče, „istraživaćemo i dalje. Shvatićete da je sve u redu, zaista. To su tek dva mlada drugara iz Oksforda. Krajnje prijatni, takođe, iako previše zaraženi tim pseudo-darvinskim poslovima. Etikom evolucije i svim tim."

„Mislim", reče Rupert sumorno, zvoneći na vrata, „da treba da te prosvetlimo u pogledu njihove etike."

„A mogu li da upitam", reče Bazil smračeno, „šta je to što nameravaš da učiniš?"

„Nameravam, pre svega", reče Rupert, „da uđem u ovu kuću; kao drugo, da osmotrim tu dvojicu finih mladih ljudi iz Oksforda; kao treće, da ih oborim, svežem, začepim im usta i pretražim kuću."

Bazil je ogorčeno zurio nekoliko minuta. Potom se na trenutak stresao uz jednu od svojih iznenadnih provala smeha.

„Siroti moji dečaci", reče. „Ali, to im samo služi da se čvrsto drže tih luckastih gledišta", i opet se zadovoljno strese, „najzad, ima tu nečeg prokleto darvinovskog."

„Pretpostavljam da ćeš nam pomoći?" reče Rupert.

„O, da, hoću", odgovori Bazil, „tek koliko da vas sprečim da sirotim ljudima ne učinite neko zlo."

Stajao je na kraju naše male procesije, izgledajući nezainteresovano i na trenutak čak mrzovoljno, ali nekako u trenutku kad su se vrata otvorila, on prvi kroči u hodnik, blistajući od otmenosti.

„Veoma žalim što upadam ovako", reče. „Sreo sam dva prijatelja napolju, koji veoma žude da vas upoznaju. Mogu li da ih uvedem?"

„Sa zadovoljstvom, naravno", reče mladi glas, bez sumnje glas Izide, i ja shvatih da je vrata otvorila, ne oniža pristojna sluškinja, nego lično jedan od naših domaćina. Bio je nevisok, ali naočit mladi gospodin, tamne kovrdžave kose, uglastog lica i prćastog nosa. Bio je u papučama i nekakvom sakou neopisive univerzitetske rumene boje.

„Ovuda", reče, „pazite kuda idete uz stepenice. Ova kuća je zavojitija i staromodnija nego što biste pomislili na osnovu njene snobovske spoljašnjosti. Prepuna je čudovišnih kutaka, zaista."

„U to sam", reče Rupert, s divljačkim osmehom, „potpuno uveren."

U tom času bili smo u radnoj sobi ili zadnjem salonu, koji su mladi stanari koristili kao primaću sobu, u stanu prepunom razbacanih časopisa i knjiga, počev od Dantea do detektivskih priča. Drugi mladić, koji je stajao leđima okrenut vatri i pekao kukuruz, bio je krupan i snažan, tamno smeđe kose počešljane prema čelu, i u norfolškoj jakni. Bio je naročiti tip čoveka čija svaka pojava i postupak jesu golemi i neumesni, i koji je k tome, rekli biste, više nego izuzetan gospodin.

„Još neki argument?" reče, pošto je upoznavanje obavljeno. „Moram da kažem, gospodine Grant, bili ste više nego strogi prema istaknutim ljudima od nauke kao što smo mi. Gotovo bih pristao da bacim svoj doktorat i preobratim se u beznačajnog pesnika."

„Besmislica", uzvrati Grant. „Nikad nisam prozborio ni reč protiv istaknutih ljudi od nauke. Ono na šta sam se žalio jeste nejasna popularna filosofija koja zamišlja da je naučna, a u stvari nije ništa sem vrste nove religije i to neobično neprijatne. Kad ljudi govore o propasti čoveka, oni znaju da govore o misteriji, o stvari koju ne razumeju. I eto, kad govore o opstanku najprilagođenijih, umišljaju da shvataju stvar, a i pored toga što nemaju nikakve predstave, imaju razrađene pogrešne predstave o značenju reči. Darvinov pokret nije čovekovu vrstu načinio drugačijom, osim što, umesto da govore nefilosofski o filosofiji, oni sad govore nenaučno o nauci."

„To je sve veoma dobro", reče krupni mladi gospodin, čije je ime, kako se pokazalo, bilo Barouz. „Razume se, u izvesnom smislu, veštinu, poput matematike ili violine, jedino savršeno može da shvati stručnjak. Ipak, osnovne stvari mogu biti od opšte koristi. Evo, Grinvud", pokazujući na čoveka u sakou, „ne razlikuje jednu muzičku notu od druge. Ipak, on zna ponešto. On zna dovoljno da skine svoju kapu kada sviraju 'Bože spasi kralja'. Ne skida je greškom kada sviraju 'O, proklete zlatne papuče'. Na isti način nauka..."

Ovde se gospodin Barouz naglo zaustavi. Bio je prekinut argumentom, neobičnim za filosofske rasprave i verovatno, ne sasvim dopuštenim. Rupert Grant jurnuo je na njega otpozadi, prebacio mu ruku preko vrata, i savio džina unatrag.

„Obori drugog, Svinberne", povika on i pre nego što sam shvatio gde se nalazim, bio sam obuzet rvanjem sa čovekom u rumenom sakou. Bio je srčan borac, savijao se i skakao kao kitova kost, ali bio sam krupniji i svladao sam ga na prepad. Izmakao sam mu nogu; on se za tren zateturao na jednoj nozi, i onda se uz tresak srušio posred razbacanih novina, a ja povrh njega.

„... sasvim, moram da priznam, meni neshvatljivo, dragi moj gospodine, i ne treba da kažem neprijatni.

Ipak, čovek mora da stane uz svog starog prijatelja protiv najfascinantnijih novih ljudi. Dozvolite mi, stoga, dok vas privezujem ovim prekrivačem, da ga namestim komotno kao što lisice mogu biti u slučaju..."

Teturao sam se na nogama. Džinovski Barouz mučio se pod Rupertovim stiskom, dok se Bazil trudio da obuzda njegove moćne ruke. Rupert i Bazil bili su pojedinačno snažni, ali bio je i gospodin Barouz; koliko, saznali smo sekund kasnije. Rupert ga je rukom otpozadi držao za glavu, ali grčeviti ropac protrese čitavo njegovo telo. Trenutak kasnije glavom je nasrnuo napred poput bivola, i Rupert Grant se naglavačke, nalik ognjenom točku, našao na podu pred njim. Istovremeno, svojom bivoljom glavom tresnuo je Bazila u grudi, bacajući, takođe, i njega na pod uz tresak, a onda se monstrum, uz Bersekerov[1] grohot, bacio na mene i zakucao me u ugao sobe, lomeći korpu za papirne otpatke. Zbunjeni Grinvud razjareno je skočio na noge. Bazil učini isto. Ali to je bilo sve od njih u tom času.

Grinvud se bacio na zvono i vukao ga silovito, šireći zvonjavu svuda po kući. Pre nego što sam mogao da se oslonim na noge, i pre nego što je Rupert, koji je doslovno bio ošamućen nekoliko trenutaka, mogao i da podigne glavu s poda, dvojica slugu bila su u sobi. Potučeni, čak iako nas je bilo više, sada smo bili i u manjini. Grinvud i jedan sluga bacili su se na mene, spljeskavši me u ugao nad krhotinama korpe za papirne otpatke. Druga dvojica nadvisila su se nad Bazilom i pribili ga uza zid. Rupert se sam podigao na lakat, ali i dalje je bio ošamućen.

---

[1] Legendarni skandinavski ratnik, čija ga je mahnitost u borbi pretvarala u vuka ili medveda. – *Prim. prev.*

U napregnutoj tišini naše bespomoćnosti začuh Bazilov glas uz glasnu, nepodesnu vedrinu.

„Eto, to je", reče, „ono što ja zovem sopstvenim uživanjem."

Uhvatio sam odraz njegovog lica, nateranog i potisnutog uz orman za knjige, između nagnutih udova onih koju su nas zarobili. Na moje zaprepašćenje njegove oči su zaista bleštale od zadovoljstva, kao kod deteta raspaljenog omiljenom igrom.

Načinio sam nekoliko grčevitih napora da ustanem, ali sluga povrh mene strašno me pritisnuo, tako da je Grinvud mogao da me prepusti njemu. Hitro se okrenuo kako bi pomogao dvojici koji su držali Bazila. Njegova glava već je padala sve niže i niže, poput broda koji tone, kako su ga napasnici pritiskali. Ispružio je ruku uvis, baš kad sam pomislio da tone, i uhvatio se za ogromnu knjigu na polici, kako sam kasnije otkrio, za tom teologije Svetog Hrizostoma. Tek što je Grinvud jurnuo preko sobe prema toj grupi, Bazil potpuno istrže tu tešku knjigu iz police, zamahanu njome i baci je zavrtevši je, tako da je pogodila Grinvuda pravo u lice i oborila ga poput kugle. U istom trenu Bazilova ukočenost popusti, on se skljoka, a njegovi protivnici preko njega.

Rupertova glava bila je bistra, ali telo uzdrmano; prionuo je što je bolje mogao na polusmoždenog Grinvuda. Valjali su se po podu jedan preko drugog, i jedan i drugi nekako iscrpljeni svojim padanjem, ali Rupert bez sumnje više. Mene su i dalje uspešno držali oborenog. Pod je bio more pocepanih i izgaženih novina i magazina, kao neka neizmerna korpa za papirne otpatke. Barouz i njegov drugar gotovo da su klečali po njima, kao po gomili opalog lišća. A Grinvud je svojom nogom stajao baš preko stranice iz

Pel Mel Gazete, koja mu se smešno prilepila, kao neki nestvaran nabor na pantalonama.

Bazil, zbog mene zatočen u zatvoru od ljudskih telesa, mogao je biti i mrtav, do te mere ništa nisam video. Umišljao sam, pak, da široka leđa gospodina Barouza, okrenuta ka meni, imaju izvesnu iskrivljenost od napora, kao da moj prijatelj i dalje traži nekakav oslonac. Odjednom se ta široka leđa zanjihaše tamo-amo. Klatio se na jednoj nozi; Bazil je, nekako, ščepao ovog drugog. Barouzove ogromne pesnice, i one slugine, mlatile su po Bazilovoj skrhanoj glavi kao maljevi, ali ništa nije moglo da zaustavi džina i njegov zglob u iznenadnom i podivljalom stisku. Dok mu je glava od udaraca polako tonula u tamu i ogroman bol, desna noga onog koji ga je držao odjednom se našla u vazduhu. Barouz se klatio tamo-amo crven u licu. A onda se, iznenada, pod i zidovi i tavanica stresoše u jedan mah, kako je gorostas pao, svom dužinom se pruživši po patosu. Bazil poskoči, zakolutanih očiju, i s tri udarca, poput ovna, porazi slugu. Onda se baci na Barouza, s jednim prekrivačem u ruci, a drugim u zubima, i sveže mu ruke i noge pre nego što je ovaj i shvatio da je glavom udario o pod. Tad se Bazil baci na Grinvuda, s kojim se Rupert borio da ga obori, a sada našavši se između njih, bio je lako umiren. Čovek koji me držao, pustio me, i okrenuo se sopstvenom spasavanju, ali ja poskočih kao otpušteni feder, i na moje lično zadovoljstvo, oborih ga na pod. Drugi sluga, krvareći na usta i prilično demoralizovan, posrćući pobeže iz sobe. Onaj čiji sam zatočenik malopre bio, bez reči se odšunja za njim, shvatajući da je bitka rešena. Rupert je sedeo opkoračivši vezanog gospodina Grinvuda, a Bazil je opkoračio vezanog gospodina Barouza.

Na moje iznenađenje, poslednji gospodin, ležeći svezan na leđima, govorio je savršeno spokojnim glasom čoveku koji je sedeo povrh njega.

„A sad, gospodo". reče on, „pošto ste ovo sredili na svoj način, možda nećete imati ništa protiv da nam kažete radi kog đavola je sve ovo?"

„Ovo", reče Bazil, blistavog lica, gledajući nadole prema svom zarobljeniku, „ovo je ono što mi zovemo opstankom najprilagođenijih."

Rupert, koji se postepeno vraćao sebi tokom poslednje faze bitke, bio je intelektualno ponovo listom pri njenom svršetku. Poskočivši s prostrtog Grinvuda, i vezavši maramicu oko leve ruke, koja beše krvarila od udarca, povika prilično smireno:

„Bazile, hoćeš li motriti na zarobljenike sa svojim lukom i strelom i prekrivačem? Svinbern i ja raščistićemo onaj zatvor dole."

„U redu", reče Bazil, takođe se dižući i smeštajući se ležernije u fotelju. „Ne žurite zbog nas", reče, bacajući pogled po neredu u sobi, „imamo sve ilustrovane novine."

Rupert iznenada, zamišljen, otperja iz sobe, a ja ga sledih još laganije; u stvari, zadržao sam se dovoljno da, dok sam prolazio kroz sobu, hodnik i kuhinjske stepenice, čujem Bazila kako nastavlja običnim tonom:

„A sada, gospodine Barouz", reče, druželjubivo se nameštajući u fotelji, „nema razloga što ne bismo nastavili s tim zabavnim argumentom. Žao mi je što ćete morati da se izražavate s leđima na patosu, i kao što sam rekao ranije, nemam pojma zbog čega ste tamo. Govornik poput vas, pak, jedva da može da bude ometen položajem tela. Govorili ste, ako se dobro sećam, kad se ova prigodna gungula desila, da se osnove nauke mogu, na dobrobit, načiniti opštepoznatim."

„Tačno", reče krupni čovek na podu sasvim mirnim tonom. „Smatram da ništa tako kao gruba skica univerzuma kakvog ga vidi nauka, ne može da bude..."

I na ovom mestu glasovi utihnuše, kako smo silazili u podrum. Primetio sam da se gospodin Grinvud nije pridružio prijateljskoj raspravi. Čudno kao što se se ispostavilo, mislim da je s blagom ozlojeđenošću gledao kako odmičemo. Gospodin Barouz, pak, bio je pravi filozof i brbljivac. Ostavili smo ih, kao što kažem, zajedno, i sve dublje i dublje tonuli u podzemni svet te zagonetne kuće, koja nam je, možda, izgledala nekako više tatarska nego što je uistinu bila, dugujući nam odgovor o svojoj poluzločinačkoj misteriji i o ljudskoj tajni dole utamničenoj.

Podrum je imao nekoliko vrata, kao što je uobičajeno kod ovakvih kuća; vrata koja bi po prirodi vodila do kuhinje, kuhinjske perionice, ostave, odaja za poslugu, i tako dalje. Rupert je sva vrata otvarao neopisivo naglo. Četiri od otvorenih pet vodilo je u prazne prostorije. Peta su bila zaključana. Rupert razvali vrata kao kutiju, i mi upadosmo u iznenadnu pomrčinu zapečaćene, neosvetljene prostorije.

Rupert je stajao kod dovratka, i dozivao kao što čovek viče u kakav ponor:

„Ko god da ste, izađite. Slobodni ste. Ljudi koji su vas držali zatočenom, i sami su zatočeni. Čuli smo vas kako dozivate i došli smo da vas izbavimo. Vaši dušmani su gore, vezanih ruku i nogu. Slobodni ste."

Nekoliko sekundi pošto je govorio u mrak, unutra je bila mrtva tišina. Onda dopre nekakvo mrmljanje i stenjanje. Lako smo mogli da pomislimo da je to od vetra ili od pacova, koje ranije nismo imali prilike da čujemo. Bio je to bez sumnje glas zatočene žene, turobno zahtevajući slobodu, baš kao što smo je i čuli.

„Ima li neko šibice?" reče Rupert smrknuto. „Mislim da smo došli do pred sam kraj ovog posla."

Ja kresnuh šibicu i podigoh je uvis. Ona nam je otkrila prostran, prazan stan sa žutim tapetama i u tamno obučenom figurom na drugom kraju, pored prozora. Trenutak kasnije opekla mi je prste i ispala, navlačeći tamu. To je, međutim, otkrilo nešto daleko praktičnije – čelični zidni krak za gas, tik iznad moje glave. Kresnih još jednu šibicu i upalih gas. I najednom se istinski nađosmo u prisustvu zatočenika.

Kraj kutije za rad u prozoru ove podrumske čajne kuhinje, sedela je starija gospođa jedinstveno svetle puti i gotovo iskričavo srebrne kose. Imala je, kao u nameri da oslabi ovakav utisak, par mefistofelskih crnih obrva i veoma urednu crnu haljinu. Bljesak gasne lampe savršeno je osvetljavao njenu privlačnu kosu i lice naspram mrke pozadine kapaka. Pozadina je na jednom mestu bila modra, a ne smeđa – onde gde je Rupertovo sečivo napravilo veliki otvor u drvetu pre oko sat vremena.

„Gospođo", reče on, nastupajući skidanjem šešira, „priuštite mi zadovoljstvo da vam objavim da ste slobodni. Vaše molbe, desilo se, doprle su do naših ušiju dok smo prolazili ulicom, i stoga smo se poduhvatili da dođemo i izbavimo vas."

Stara gospođa rumenog lica i crnih obrva gledala nas je na trenutak s nekakvom zgrčenom zblanutošću papagaja. Potom reče, uz iznenadnu navalu ili dahom olakšanja:

„Izbavite? Gde je gospodin Grinvud? Gde je gospodin Barouz? Jeste li vi to kazali da ste me izbavili?"

„Da, gospođo", reče Rupert, sijajući od ljubaznosti. „Sasvim smo zadovoljavajuće postupili s gospodinom Grinvudom i gospodinom Barouzom. Doveli smo stvar s njima u red, veoma zadovoljavajuće."

Stara gospođa ustade iz fotelje i brzo dođe do nas.

„Šta ste im kazali? Kako ste ih ubedili?" uzviknu ona.

„Ubedili smo ih, draga moja gospođo", reče Rupert, smejući se, „oborivši ih i svezavši ih. Ali, u čemu je stvar?"

Na iznenađenje nas dvojice, stara gospođa lagano odšeta natrag do svoje stolice kraj prozora.

„Shvatate li", reče ona, s držanjem osobe koja počinje da zaključuje, „da ste oborili gospodina Barouza i vezali ga?"

„Shvatamo", reče Rupert ponosno; „odoleli smo njegovom pritisku i savladali ga."

„O, hvala", odgovori stara gospođa, i sede pored prozora.

Usledila je značajna pauza.

„Put vam je sasvim čist, gospođo", reče Rupert ljubazno.

Stara gospođa ustade, nakostrešivši na trenutak svoje crne obrve i svoju srebrnu ćubu na nas.

„Ali šta s Grinvudom i Barouzom?" reče. „Šta sam vas to razumela da kažete da im se desilo?"

„Leže na podu, gore na spratu", reče Rupert cereći se. „Vezanih ruku i nogu."

„Pa, to rešava stvar", reče stara gospođa, uz tresak došavši ponovo do svog sedišta, „moram da ostanem gde sam."

Rupert je zurio zbunjeno.

„Da ostanete gde ste?" reče. „Zašto biste i dalje ostali gde ste? Kakva sila vas nagoni da ostanete u ovoj jadnoj ćeliji?"

„Pitanje je, zapravo", reče stara gospođa pribrano, „kakva sila me može naterati da odem ikuda drugde?"

Obojica smo bezizražajno gledali u nju, a ona je spokojno gledala u nas.

Najzad, ja rekoh: „Da li zaista hoćete da kažete da treba da vas ostavimo ovde?"

„Pretpostavljam da ne nameravate da me vežete", reče ona, „i odnesete me? Drugačije sigurno neću otići."

„Ali, gospođo moja draga", zavapi Rupert, silno razdražen, „svojim ušima smo vas čuli da dozivate, jer ne možete da izađete."

„Oni koji prisluškuju često se prevare slušajući", uzvrati zatočenica ljutito. „Pretpostavimo da sam malo oronula i izgubila mir i pričala sama sa sobom. Ipak, pored svega toga, imam nekakvo osećanje časti."

„Nekakvo osećanje časti?" ponovi Rupert, i poslednji zrak inteligencije nestade s njegovog lica, ostavljajući za sobom lice idiota zakolutanih očiju.

On se nejasno pomeri prema vratima i ja ga sledih. Ipak, još jednom se okrenuh uhvaćen u zamku sopstvene savesti i radoznalosti. „Možemo li išta da učinimo za vas, gospođo?" rekoh beznadežno.

„Zašto?" reče gospođa. „Ako ste naročito željni da mi učinite malu uslugu, mogli biste da odvežete tu gospodu gore."

Rupert silno navali na kuhinjske stepenice, drmajući ih svojom nedokučivom žestinom. S usnama spremnim da govore, on nasrnu na vrata primaće sobe i poprišta bitke.

„Teoretski govoreći, to je bez sumnje istina", govorio je gospodin Barouz, ležeći na leđima i spokojno raspravljajući s Bazilom; „ali stvar moramo smatrati onakvom kakva se ukazuje našim čulima. Poreklo morala..."

„Bazile", uzviknu Rupert, dahćući, „ona neće da izađe."

„Ko neće da izađe?" upita Bazil, mršteći se pomalo što je prekinut u raspravi.

„Ona gospođa dole", uzvrati Rupert. „Gospođa koje je bila zaključana. Neće da izađe. I kaže da sve što želi od nas jeste da oslobodimo ove druškane."

„Divan i razuman predlog", uskliknu Bazil, i za čas se još jednom nađe povrh prostrtog Barouza i odreši mu poveze rukama i zubima.

„Odlična ideja, Svinberne. Odveži gospodina Grinvuda."

Ošamućeno i automatski oslobodih onižeg gospodina u rumenom sakou, koji izgleda nije smatrao nijedan postupak naročito divnim ili sjajnim. Džinovski Barouz, s druge strane, dizao se s herkulovskim osmehom.

„Pa", reče Bazil, u svom najveselijem maniru, „mislim da bismo morali da krenemo. Zaista smo uživali večeras. Najviše zahvaljujući vama, jer ste se držali ceremonije. Ako mogu tako da se izrazim, osećali smo se kao kod kuće. Laku noć. Mnogo vam hvala. Hajdemo, Ruperte."

„Bazile", reče Rupert očajnički, „za ime božije pogledaj šta možeš da učiniš za onu ženu dole. Ne mogu da se oslobodim nelagode. Priznajem da stvar izgleda kao da smo načinili grešku. Ali, ova gospoda neće zameriti, možda..."

„Ne, ne", uzviknu Bazil, uz nekakav rableovski bunt. „Ne, ne, pogledajte u ostavu, gospodo. Proverite podrum za ugalj. Obiđite dimnjake. Po celoj kući su leševi, uveravam vas."

Ova naša avantura bila je predodređena da se u jednome razlikuje od onih o kojima sam pričao. Proveo sam mnoge burne dane s Bazilom Grantom, dane u kojima su, u prvoj polovini, sunce i mesec izgledali kao da su poludeli. Ali, gotovo uvek se dešavalo da kako se primiče svršetak dana i avanture, stvari se razjašnjavaju kao što se nebo razvedrava posle kiše, a prosvetljujuće i umirujuće objašnjenje postepeno sviće nada mnom. Ali, današnji posao bio je preodređen da se završi još većom zbrkom. Pre nego što smo otišli iz te zgrade, još jedan budalast trag se ukazao i vinuo naše misli u oblake. Da je Rupertova glava iznenada otpala na pod, da su krila počela da niču s Grinvudovih pleća, jedva da bismo bili više pogođeni. A ipak, o ovome nismo imali objašnjenje. Morali smo da odemo na spavanje te noći s tim lošim znamenjem i da se sledećeg jutra probudimo s tim, i dopustimo da zavlada našim pamćenjem tokom nedelja i meseci. Kao što će se pokazati, trajalo je mesecima dok drugim slučajem i na drugačiji način nije bilo objašnjeno. Za sada, izneću samo ono što se dogodilo.

Kad smo sva petorica ponovo pošli dole niz kuhinjske stepenice, predvođeni Rupertom, i s dvojicom domaćina na začelju, zatekli smo vrata od tamnice ponovo zaključana. Otvorivši ih ponovo smo našli prostoriju mračnu kao katran. Stara gospođa, ako je i dalje bila tamo, ugasila je lampu; izgleda da je imala čudnu pasiju da sedi u mraku.

Bez reči Rupert ponovo upali lampu. Omalena stara gospođa okrenu svoju glavu nalik ptičijoj, u času kad smo svi odstupili unazad pod jakom svetlošću lampe. Potom, hitrinom koja me je gotovo nagnala da poskočim, ona ustade i u jedan mah načini nekakav staromodni naklon ili znak poštovanja. Smesta pogledah u Grinvuda i Barouza, kojima je, prirodno, trebalo da posveti ovu pokornost, želeći da vidim lica ovih tirana kako je dočekuju. Na moje iznenađenje, uopšte nisu izgledali kao da su je i primetili: Barouz je sekao nokte malim perorezom. Grinvud je bio na začelju grupe i jedva da je kročio u prostoriju. I onda se ukazala zadivljujuća činjenica. Bazil Grant bio je taj koji je stajao na čelu grupe, zlatno svetlo gasne lampe obasjavalo je njegovo moćno lice i figuru. Lice mu je imalo neopisivo ozbiljan izraz, s tek nešto svečanog smeška. Glava mu je bila neznatno povijena od uzdržanog naklona. On je bio taj koji je primetio gospođin naklon. I on je, van svake razumne sumnje, bio taj kome je naklon odista bio upućen.

„Dakle, čuo sam", reče ljubaznim, a ipak nekako formalnim glasom, „čuo sam, gospođo, da su moji prijatelji pokušavali da vas izbave. Ali, bez uspeha."

„Niko, razume se, ne zna bolje od vas za šta sam kriva", odgovori gospođa svetle puti. „Ali, ne možete me kriviti za izdaju."

„Rado svedočim o tome, gospođo", uzvrati Bazil, u istom tonu, „a činjenica je da sam tako zadovoljan ispoljavanjem vaše lojalnosti da sam priuštio sebi zadovoljstvo da upotrebim neke zaista značajne, neograničene moći. Niste napustili ovu sobu na zahtev ove gospode. Ali, znate da bezbedno možete da je napustite na moj zahtev."

Zatočenica učini još jedan naklon. „Nikada se nisam žalila da ste nepravedni", reče ona. „Jedva da je potrebno da kažem šta mislim o vašoj velikodušnosti."

I pre nego što su naše zapanjene oči mogle i da trepnu, ona se uputi napolje, dok joj je Bazil pridržavao vrata.

Okrenuo se Ginvudu ponovo se oraspoloživši. „Ovo će biti olakšanje za vas", reče.

„Da, hoće", odgovori taj nepomični mladi gospodin s licem sfinge.

Našli smo se napolju u mrkloj noći, potreseni i ošamućeni kao da smo pali s nekog visokog tornja.

„Bazile", reče Rupert najzad, slabašnim glasom. „Uvek sam mislio da si mi brat. Ali, jesi li ti čovek? Hoću reći – jesi li samo čovek?"

„Trenutno", uzvrati Bazil, „to što sam tek čovek dokazano je jednim od najnepogrešivijih znakova – glađu. Prilično kasnimo za pozorište na Sloan skveru. Ali, ne i za restoran. Evo, stiže zeleni autobus!" i on uskoči u njega pre nego što smo uspeli da ma šta kažemo.

---

Kao što sam rekao, prošli su meseci pre nego što je Rupert Grant iznenada banuo u moju sobu, mašući torbom u ruci i sa vedrinom kao da je preskočio neki baštenski zid, preklinjao me da pođem s njim u najnoviju i najčudesniju od njegovih ekspedicija. Predložio je ne manju stvar od otkrivanja stvarnog porekla, položaja i uprave izvora sve naše radosti i tuge – Kluba uvrnutih zanata. Opisao bih detaljno ovu priču za svagda, ako bih objasnio koliko dugo smo tragali za lažovima ovog čudnog društva. Proces je podrazumevao stotine zanimljivih stvari. Praćenje članova, podmićivanje kočijaša, tuče s nasilnicima, podizanje pločnika, otkrivanje podruma, otkrivanje podruma ispod podruma, otkrivanje podzemnih prolaza, otkrivanje Kluba uvrnutih zanata.

Imao sam prilično čudnih iskustava u životu, ali nikad čudnije od onoga koje sam osećao kada sam, iz krivudavih, slepih i po izgledu beznadežnih prolaza, stupio u sjaj raskošne i gostoljubive trpezarije, sa svih strana okružene licima koje sam znao. Tu je bio gospodin Montmorensi, agent za kuće na drveću, posađen između dva živahna mlada čoveka koji su povremeno bivali parosi, a uvek profesionalni zamajivači. Tu je bio gospodin P. G. Nortover, osnivač Agencije za avanture i romanse. Tu je bio profesor Čad, koji je izumeo plesni jezik.

Kad smo ušli, svi članovi izgledali su kao da se iznenada zavaljuju u svoje fotelje, i tim činom upražnjeno predsedničko mesto zjapilo je prema nama kao zub koji nedostaje.

„Predsednik nije ovde", reče gospodin P. G. Nortover, iznenada se okrećući ka profesoru Čadu.

„N...ne", reče filosof, više nego obično nejasan. „Ne mogu da shvatim gde je."

„Nebesa", reče gospodin Montmorensi, skočivši na noge, „zaista se osećam pomalo nervozno. Idem da pogledam." I on istrča iz sobe.

Trenutak kasnije on potovo utrča unutra, cvrkućući u prikrivenoj ekstazi.

„Ovde je, gospodo – dobro je – sada ulazi", povika on i sede. Rupert i ja nismo mogli, a da ne osetimo početak nekakve znatiželje ko bi mogao da bude taj koji je bio prvi član ovog šašavog bratstva. Ko bi, zbrkano smo razmišljali, mogao da bude najluđi u ovom svetu ludih: kako li je čudesan bio taj čija je senka ispunjavala sve ove čudake s tako lojalnim očekivanjem?

Iznenada, odgovor nam je stigao. Vrata se širom otvoriše i soba se ispuni i uzdrhta od povika, usred kojih Bazil Grant, smešeći se i u večernjem odelu, zauze svoje mesto na pročelju stola.

Koliko smo jeli te večeri, zaista nemam predstavu. U običnim prilikama, ja sam osoba neobično sklona uživanju u raskoši večera u klubu. Ali, u ovoj prilici izgledalo je to kao beznadežan i beskrajan niz jela. *Hors-d'oeuvre* sardine izgledale su veće od haringi, supa je ličila na nekakav okean, ševe su bile poput pataka, patke poput nojeva sve do kraja večere. Jelo od sira je izluđivalo. Često sam slušao da je mesec napravljen od zelenog sira. A sve vreme Bazil Grant smejao se, jeo i pio, i nije nas ni pogledao da nam kaže zbog čega je bio tamo, taj kralj tih razdraganih idiota.

Najzad, došlo je vreme za koje sam znao da će nas na neki način prosvetliti, vreme klupskih govora i zdravica. Bazil Grant stade na noge usred plime pesme i čestitanja.

„Gospodo", reče, „običaj je u ovom društvu da predsednik za tekuću godinu započinje izveštaj, ne nekom uopštenom sentimentalnom zdravicom, već pozivajući svakog člana da pruži kratak izveštaj o svom zanatu. Potom pijemo u čast tog poziva i svih koji ga prate. Moja je dužnost, kao starog člana, da započnem iznošenjem svojih zasluga za članstvo u ovom klubu. Pre dosta godina, gospodo, bio sam sudija; učinio sam najbolje što sam mogao da vršim pravdu i da sprovodim zakon. Ali, postepeno mi je svitalo da se u mom poslu, kako je i bilo, nisam ni približio rubu pravde. Sedeo sam na položaju moćnika, bio obučen u skerlet i hermelin; pa i pored svega, predstavljao sam mali, nizak i tričav stub. Morao sam da se vladam po ovim bednim pravilima kao nekakav poštar, a moje crveno i zlatno nije vredelo više od toga. Dnevno su kraj mene prolazili nategnuti i strasni problemi, oskudnost od koje sam morao da se branim izricanjem besmislenih utamničenja ili isto takvih odšteta, dok sam sve vreme znao, po razigranosti svog zdravog razuma, da bi im daleko lakše bilo od poljupca ili šund literature, ili par reči objašnjenja, ili rasprave, ili izleta na Zapadna škotska brda. Potom, kako je ovo raslo u meni, rastao je i neprestani osećaj goleme ništavnosti. Svaka reč izgovorena u sudu, šapat ili psovka, izgledala je da ima više veze sa životom nego reči koje sam ja imao da kažem. Onda je došlo vreme kad sam, javno nagrdivši čitavu besmislicu, svrstan među ludake i iščezao iz javnog života."

Nešto u vazduhu govorilo mi je da nismo samo Rupert i ja napregnuto slušali ovo izlaganje.

„Pa, shvatio sam da ne mogu biti od stvarne koristi. Ponudio sam se, privatno, kao potpuno moralan sudija da poravnavam moralne različitosti. Uskoro ovi neslužbeni sudovi časti (držani u strogoj tajnosti) raširili su se po čitavom društvu. Ljudi su se sudili preda mnom, ne zbog praktičnih tričarija za koje niko ne mari, kao što je ubistvo, ili držanje psa bez dozvole. Moji zločinci sudili su se radi prestupa koji su zaista društveni život činili nemogućim. Dolazili su zbog sebičnosti, ili zbog neke neizrecive taštine, ili zbog ogovaranja, ili zbog škrtosti prema gostima ili članovima porodice. Razume se, ti sudovi nemaju snagu stvarne prinude. Izvršenje kazni ostajalo je potpuno na čast damama i gospodi koji su umešani, kao i na časti vinovnika. Ali, bili biste zaprepašćeni kad biste znali kako su naše naredbe uvek u potpunosti prihvatane. Tek nedavno, imao sam vanredno prijatan primer. Neudata gospođa iz Južnog Kensingtona koju sam osudio na ograničeno osamljivanje, jer je, ogovarajući, bila uzrok raskida veridbe, apsolutno je odbila da napusti svoju tamnicu, iako su neki dobronamerni ljudi bili dovoljno neuviđavni da je izbave."

Rupert Grant zurio je u svog brata, usne su mu se zapanjeno otromboljile. Tako je bilo i sa mnom. To je, dakle, bilo objašnjenje čudnog nezadovoljstva stare gospođe i njenog još čudnijeg zadovoljstva sopstvenom sudbinom. Ona je bila jedan od zločinaca njegovog Dobrovoljnog krivičnog suda. Bila je jedan od klijenata njegovog Uvrnutog zanata.

I dalje smo bili ošamućeni kada smo pili, usred gomile čaša, u zdravlje Bazilovog novog pravosuđa. Jedino smo imali osećaj zbrke u vezi sa svim što je bilo izneseno, osećaj koji ljudi imaju kad stupe pred Boga. Nejasno smo čuli Bazila da kaže:

„Gospodin P. G. Nortover sada će izvestiti o Agenciji za avanture i romanse."

I, isto tako nejasno, čuli smo da Nortover započinje o fakturi koji je davno načinio za majora Brauna. Tako se naša epopeja završava tamo gde je i počela, zatvarajući krug.

## UVRNUTI ČESTERTON

Zašto mu se Borhes divio? Bio je oštrouman pisac, duhovit i fantasta. Preko Borhesa sam ga i ja otkrio. Otuda, još kad sam pre mnogo godina počeo da radim za *Reč i misao* predložio sam da bude objavljen roman Gilberta Kita Čestertona *Čovek koji je bio Četvrtak*. Glavni urednik je prihvatio i knjigu dao prevodiocu. Prevodilac je roman preveo, i ne znam ni kako ni zašto, svoj prevod dao drugom izdavaču. Čak mi nikad nije vraćen ni moj lični primerak koji je poslužio za prevođenje, *The Man Who Was Thursday*. Evo, dvadesetak godina kasnije, ponovo sam se svega setio i vratio Čestertonovom delu, ovog puta izabravši vedriji i razigraniji roman koji nalikuje nizu priča, bez klasične težine *Četvrtka*, ali dostojan da predstavi pripovedačku umetnost neobičnog engleskog pisca.

Premda jedan od istaknutih apologeta anglikanske vere, autor biografija svetog Franje iz Asizija i svetog Tome Akvinskog, Česterton je bio uvažavan, prvih decenija dvadesetog veka, kao vodeća književna figura i čak smatran za *kolosalnog genija* (čime je ciljano i na njegovu korpulentnost) među najzadrtijim ateistima, kakav je bio, recimo, njegov prijatelj Džordž Bernard Šo ili pak H. Dž. Vels. Pesnik T. S. Eliot rekao je za njega da je učinio više nego ijedan čovek u njegovom razdoblju. Pa i jeste napisao prilično. Pisao je tekstove za više od 125 raznih novina i revija; bio je plodan književni kritičar, ekonomski i politički analitičar, komentator društvenih pojava, besednik, pesnik, dramski pisac, biograf i autor svakojakih književnih misterija. I sve to tokom ne preterano dugog života. Iako je napisao bezmalo stotinu knjiga, za života ih je objavio tek šezdeset i devet. Rođen u Londonu (Kensington) 1874. godine, umro je u Bikonsfildu 1936.

Kao što su neobične bile izjave Čestertonove, tako su ekscentrične i njegove priče. Iako ispunjene izvesnom tajanstvenošću, one su uvek nošene poetskom snagom. U njima se sve preokreće. Česterton je govorio da se čuda moraju uvek odigravati usred dana, jer ih noć čini odveć verovatnim, pa otuda vulgarnim. Ili: „Istina mora obavezno biti neobičnija od fikcije, jer ova je samo tvorevina čovekovog duha, i stoga prema njegovoj meri." Istina prevazilazi sve što možemo da izmislimo. Nadmoćnija mašta upravlja stvarnošću, i njena logika je zato manje dokučiva nego što umišljamo u svojoj sujeti. Koliko god, u ovoj knjizi, Rupert Grant, kao detektiv, bio logičan, prava slika i prilika Dojlovog detektivskog uma Šerloka Holmsa, on naposletku uvek promašuje istinu. Do istine dospeva Rupertov stariji brat, Bazil, bivši sudija koji se sam odrekao sbvog sudijskog položaja.

U stvari, početkom dvadesetog veka jedina vredna književna proza sa detektivskim usmerenjem poticala je od Artura Konana Dojla. Sva ostala tek je bila bleda kopija Dojlovih ostvarenja. I svi detektivi samo su jadno oponašali Šerloka Holmsa. Tako je bilo do pojave Čestertona. On je stvari okrenuo naglavce. Njegov detektiv Rupert, po slici Holmsa, nikad ne pogađa. Do istine dospeva brat Bazil, jer njegov duh nije holmsovski, nego sa večnim smislom za fantaziju u zbilji. Tako Česterton u svom gotovo parodijskom pripovedanju na efektniji način dočarava prednost osobenog ludila uma nasuprot njegovoj logičnosti. Po mnogo čemu, to i jeste ludilo, i možemo ga zvati u slučaju ovog dela – engleskim. Koliko god nam je stalo da saznamo rešenje nekih zagonetki koje se ređaju u *Klubu uvrnutih zanata*, još više nam je stalo do smeha na koji nas teraju zagonetne slike.

Možda to i nije moderno, ali u svojoj nepretencioznosti ovo književno delo nas opominje da umetnost nikad ne treba da bude samo na jednu stranu, da i naoko skromni poduhvati obogaćuju stvaralačku maštu i podsećaju na to da je svetu dragoceno da on i naš duh budu višestrani. Umetnost valja da bude i klub uvrnutih zanata.

J. Aćin

# SADRŽAJ

Poglavlje 1
Glasovite avanture majora Brauna................5

Poglavlje 2
Bolan sunovrat izvrsnog ugleda.................55

Poglavlje 3
Grozan povod parohove posete .................55

Poglavlje 4
Jedinstvena špekulacija agenta nekretnina.........78

Poglavlje 5
Neobično ponašanje profesora Čada ............105

Poglavlje 6
Nastrana povučenost stare dame ...............127

*Uvrnuti Česterton* ..........................157

Izdavačko preduzeće
RAD
Beograd, Dečanska 12

\*

Glavni urednik
NOVICA TADIĆ

\*

Grafički urednik
MILAN MILETIĆ

\*

Lektor i korektor
MIROSLAVA STOJKOVIĆ

\*

Nacrt za korice
JANKO KRAJŠEK

Digitalizacija slova
DARKO STANIČIĆ

\*

Za izdavača
SIMON SIMONOVIĆ

\*

Štampa
Elvod-print, Lazarevac

---

CIP – Каталогизација у публикацији
Народна библиотека Србије, Београд

821.133.1-31

ЧЕСТЕРТОН, Гилберт Кит

Klub uvrnutih zanata : roman / G. K. ¨ esterton [sa engleskog preveo Milan Miletić]. – Beograd : Rad, 2005 (Lazarevac : Elvod-print). – 160 str. ; 21 cm. (Biblioteka Reč i misao ; knj. 564)

Prevod dela: The Club of Queer Trades / G. K. Chesterton. – Tiraž 1.000. – Str. 157-158: Uvrnuti ¨ esterton / J. A in. - Napomene uz tekst

ISBN 86-09-00888-6

COBISS.SR-ID 125449996

www.ingramcontent.com/pod-product-compliance
Lightning Source LLC
Chambersburg PA
CBHW071720090426
42738CB00009B/1828